CLV

JANET & GEOFF BENGE

MEHR ALS olympisches GOLD

DIE GESCHICHTE VON ERIC LIDDELL

starkundmutig

Die Bibelzitate sind der Elberfelder Übersetzung 2003, Edition CSV Hückeswagen, entnommen.

Alle Fotos (außer S. 68): Mit freundlicher Genehmigung des Eric Liddell Centre.
Das Foto auf S. 68 steht als lizenzfreie Bildquelle zur Verfügung unter: http://de.wikipedia.org/wiki/Eric_Liddell (Stand: 23.05.2024).

1. Auflage 2014
2. Auflage 2018
3. überarbeitete Auflage 2024

Übersetzung: Jutta Göderle-Odenwald, Chemnitz
Satz: EDV- und Typoservice Dörwald, Steinhagen
Grafiken: Flaticon.com
Umschlag: Lucian Binder, Marienheide
Druck und Bindung: GGP Media GmbH, Pößneck

Artikel-Nr. 256642
ISBN 978-3-86699-642-7

INHALTSVERZEICHNIS

Eric Liddells Wirkungsstätten in China

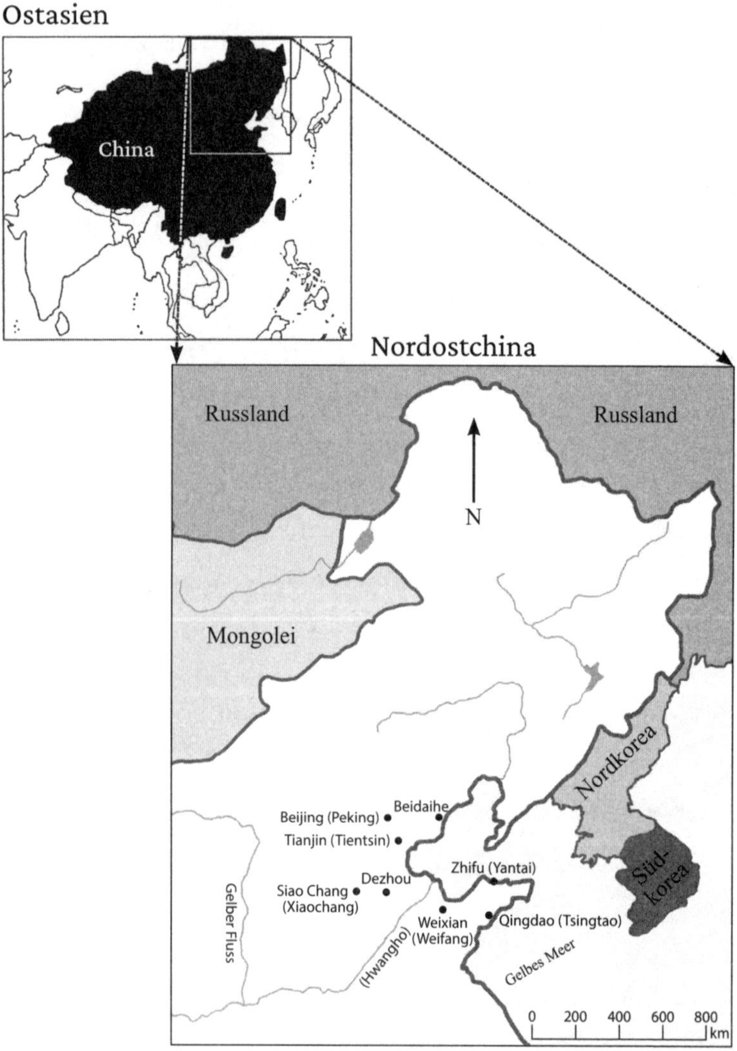

DAS UNMÖGLICHE SCHAFFEN

Peng! Das Geräusch der Startpistole hallte im gesamten Stadion von Colombes[1] wider. Das Finale über 400 Meter hatte begonnen. Eric Liddell stürmte vorwärts. Die Spikes seiner schwarzen Lederlaufschuhe griffen in die glatt gewalzte Oberfläche der Aschenbahn. Graue Aschewolken erhoben sich bei jedem Schritt unter seinen Schuhen. Eric lief auf der äußersten Bahn, der ungünstigsten, auf der man laufen konnte. An seiner Seite lief der US-Amerikaner Horatio Fitch, der Favorit für die Goldmedaille. Fitch hatte gerade bei seinem Qualifikationslauf für das Finale einen neuen Weltrekord über diese Distanz aufgestellt. Neben Fitch rannte Joseph Imbach, der Schweizer Läufer, der ebenfalls den Weltrekord in seinem Qualifikationslauf gebrochen hatte. Jeder erwartete den Kampf um die Goldmedaille zwischen diesen beiden Männern. Der Applaus der Menge steigerte sich erwartungsvoll.

Als das Läuferfeld auf die Gegengerade einbog, lag allerdings Eric Liddell in Führung. An der Kurve bei der 200-Meter-Marke, der halben Strecke des Laufes, war Eric die erste Hälfte des Rennens in der erstaunlich guten Zeit von 22,2 Sekunden gelaufen.

Eric konnte das Stampfen der Füße der anderen Läufer auf der Aschenbahn hören, wie sie versuchten, ihn einzuholen. Die Menge konnte sehen, dass Guy Butler, der andere britische Läufer, drei Meter hinter Eric war. Horatio Fitch holte ebenfalls schnell auf, aber ohne zurückzuschauen, konzentrierte sich Eric voll und ganz auf seinen Lauf.

---

1 Anmerkung des Herausgebers: Das Stadion der im Großraum Paris gelegenen Stadt diente als Austragungsstätte der Olympischen Sommerspiele 1924.

Als die Menge erkannte, dass Eric nicht wie erwartet auf den dritten oder vierten Platz zurückfiel, wurde sie seltsam still – zu erstaunt, um zu applaudieren. Diejenigen, die sich mit Lauftechniken auskannten, schüttelten nur ihre Köpfe. Ein Läufer konnte nicht über die gesamten 400 Meter eines Rennens sprinten. Für sie war offensichtlich: Eric Liddell war ein 100-Meter-Läufer, der überhaupt keine Ahnung hatte, wie man ein 400-Meter-Rennen läuft. Ein Läufer, der von Beginn eines solchen Rennens an läuft, als wäre es ein 100-Meter-Sprint, würde alle seine Energie aufbrauchen und keine Reserven mehr für den Endspurt des Rennens haben. Die Menge wartete still darauf, dass Eric langsamer wurde.

Als Eric aus der Kurve gekommen war, hatte Horatio Fitch auf zwei Meter aufgeschlossen, um die Führung zu übernehmen. Eric konnte fühlen, wie nah er war. In der Erwartung, dass Fitch Eric überholen würde, erwachte die Menge wieder zum Leben.

Gerade als jeder dachte, Horatio Fitch würde an Eric vorbeilaufen, ging ein Aufschrei durch die Menge: Das konnte nicht sein! Das war doch unmöglich! Niemand war je zuvor die 400 Meter so gelaufen. Aber es war wahr. Genau in dem Moment, als sich die Menge sicher war, dass er schwächer wurde, warf Eric seinen Kopf zurück und schleuderte mit seinen Armen herum wie ein Ertrinkender. Dadurch brachte er einen Spurt zustande und entfernte sich wieder von Horatio Fitch. Anstatt langsamer zu werden, rannte Eric die zweite Hälfte des Rennens schneller als die erste. Eine Sensation witternd, brach die Menge in Applaus für Eric aus. Viele winkten ihm überschwänglich mit Union Jacks.

Als er das Ende der Bahn erreicht hatte, warf er sich mit fünf

Metern Vorsprung vor Horatio Fitch über die Ziellinie! Er lief noch einige Schritte weiter, um abzubremsen, und stürzte in die Arme des britischen Trainers. Eric sog die Luft in seine Lungen, so schnell und so viel er konnte, als er rücklings auf der Laufbahn lag.

Tosender Applaus brach im Stadion aus. Der Lärm war ohrenbetäubend. Später wurde berichtet, dass man den Jubel überall in Paris gehört hatte. Eric Liddell hatte das Unmögliche geschafft, und die Menge hatte ihm dabei zugesehen. Jetzt wollten die Menschen jubeln und den Sieg mit ihm feiern.

Nach einigen Minuten wurde es schließlich so leise, dass man bei der offiziellen Durchsage hören konnte, dass Eric nicht nur das Rennen gewonnen hatte, sondern auch den alten Weltrekord um zwei Zehntelsekunden unterboten hatte. Die Menge geriet wieder außer Rand und Band.

Einige Mitglieder des britischen Olympiateams kamen aufs Feld und hoben Eric auf ihre Schultern. Sie trugen ihn die Laufbahn entlang – bis vor die offizielle Loge, wo der Prinz von Wales, der zukünftige König von England, stehend applaudierte. Der Prinz grüßte Eric, der im Gegenzug seinen Kopf als Zeichen des Respekts neigte.

Überall um Eric herum applaudierten die Menschen, schwenkten Union Jacks, schüttelten Erics Hand und klopften dem Läufer auf den Rücken. Erics Körper war ausgepumpt. Emotionen schlugen in seinem Inneren hoch. Eric fühlte sich stolz und glücklich zugleich. Er lächelte zufrieden in sich hinein und wunderte sich darüber, wie sehr sich die Situation von jenen Träumen unterschied, die er als kleiner Junge gehabt hatte, als er in der Küstenebene von Nordchina aufgewachsen war.

DIE HEIMKEHR

Der vierjährige Eric Liddell hatte ein wunderbares Leben. Er wohnte auf dem weitläufigen Gelände der Londoner Missionsgesellschaft in Siao Chang in der Großen Ebene von Nordchina. Eric hatte zusammen mit seinem sechs Jahre alten Bruder Robert und Jenny, seiner drei Jahre alten Schwester, eine ganze Menge Auslauf. Es gab vier große Häuser innerhalb der Grundstücksmauern sowie zwei Schulen (eine für Jungen und eine für Mädchen) und eine Kirche. Erics Vater, James Liddell, predigte in der Kirche, und seine Mutter Mary half als Lehrerin in der Schule aus. Als Krankenschwester kümmerte sich Erics Mutter auch um viele Kinder aus der Umgebung, wenn sie krank waren.

Manchmal dachten Besucher des Geländes von Siao Chang, der kleine Eric sei ein chinesischer Junge. Er trug eine blaue wattierte Jacke und Hosen wie die anderen Kinder aus dem Dorf auch, und unterhielt sich mit seinen Freunden in perfektem Chinesisch. Aber wenn er seine Mütze abnahm, war deutlich zu sehen, dass er kein Chinese war. Ungeachtet seiner einheimischen Kleidung hatte er nämlich glattes blondes Haar und große blaue Augen. »Der Bursche hat einen ordentlichen schottischen Teint«, erzählte seine Mutter Besuchern, wenn sie Eric leicht auf die Mütze klopfte und ihn zum Spielen mit seinen Freunden oder seinem Haustier, einer Ziege, hinausschickte.

Eric hörte seine Eltern oft über die Hügel des »hübschen Schottlands« sprechen, und er versuchte, sich vorzustellen, wie das Land wohl aussah. Seine Mutter sagte ihm, dass es in Schottland nie zu kalt oder zu heiß wurde – nicht wie in China, wo es im Winter bis unter die Frostgrenze abkühlte und im Sommer bis über 40 Grad Celsius heiß wurde. Sie erzählte Eric auch von riesigen Gebieten dort, wo man kein Haus oder Gehöft sehen konnte, so weit das Auge reichte. Eric konnte das kaum glauben, besonders wenn er auf die knapp zwei Meter hohe Lehmmauer kletterte, die das Missionsgelände umgab. Die Große Ebene von Nordchina umgab Siao Chang, und in diesem ganzen Gebiet lebten 10 Millionen Menschen in 10 000 Dörfern und Städten, die dicht beieinanderlagen. Zwischen den Dörfern zog sich ein endloser Flickenteppich von Weizen- und Hirsefeldern hin, durchzogen von sich schlängelnden schlammigen Bächen und Wasserstraßen, die schon seit Jahrhunderten zur Bewässerung des Landes genutzt wurden. Eric konnte in dieser Landschaft nirgendwo hinsehen, ohne Menschen, Häuser und Gehöfte zu erblicken. Das war die einzige Landschaft, die er bisher in seinem jungen Leben kennengelernt hatte, und es fiel ihm schwer, sich irgendetwas anderes vorzustellen.

Erics Eltern waren nach China gekommen, bevor Eric geboren wurde. James Liddell war 1898 als Missionar nach China gekommen, und kurze Zeit später kam auch Mary, seine Verlobte, nach. 1899 heirateten die beiden in Schanghai und wurden durch die Londoner Missionsgesellschaft (London Missionary Society [LMS]) zum Dienst in der Inneren Mongolei ausgesandt. Bald nach ihrer Ankunft in der Inneren Mongolei brach allerdings ein furchtbarer Aufstand in China aus. Eine Gruppe von Männern, die sich selbst »Fäuste der Gerechtigkeit und Harmonie« oder kurz »Boxer« nannten, schürten im chinesischen Volk Hass gegen alle Ausländer.

Die Boxer waren der Ansicht, dass sie magische Kräfte besaßen. Sie glaubten, dass ihre Körper Geschosse und Kanonenkugeln aufhalten und dass sie Schwertstreiche mit bloßen

Armen abwehren könnten. Viele der ungebildeten Bauern in China glaubten den Boxern und hatten Angst vor ihnen.

Der Boxeraufstand brach im Juni 1900 aus. Das chinesische Volk wurde aufgefordert, sich zu erheben und alle Ausländer zu töten, die ihr Land für so lange Zeit gedemütigt hatten. Die Boxer wollten, dass ausländische Missionare getötet wurden, weil sie dem chinesischen Volk »eine andere Religion« brachten. Daraufhin schlossen sich viele Menschen den Boxern an und ermordeten Missionare sowie viele chinesische Christen. Im Verlauf der Unruhen wurde auch der deutsche Gesandte in Peking erschossen. Als der Aufstand letztendlich durch die vereinten Kräfte von über 20 000 ausländischen Soldaten niedergeschlagen wurde, waren etwa 200 Missionare und deren Angehörige, darunter Frauen und Kinder, und über 30 000 chinesische Christen getötet worden.

Die Innere Mongolei war eines der ersten Gebiete, die die Boxer angriffen. James Liddell war gemeinsam mit Mary, die gerade ihr erstes Kind erwartete, von der Missionsstation geflohen. Das Paar hatte all seine Habseligkeiten zurückgelassen außer einem kleinen Koffer mit Kleidern. In ständiger Angst um ihr Leben wagten die Liddells die lange und turbulente Reise einige Hundert Kilometer Richtung Süden bis nach Schanghai. Dort warteten sie auf dem LMS-Gelände, bevor sie nach Tianjin (Tientsin)[2] weiterreisen wollten. Während sie auf das

---

2 Anmerkung des Herausgebers: Die Schreibweise mancher chinesischer Orts- und Eigennamen variiert je nach Quelle. Im vorliegenden Buch wird in der Regel jene Namensform verwendet, die in deutschsprachigen Veröffentlichungen und Internet-Quellen benutzt wird (also z. B. Tianjin statt Tientsin). Gelegentlich wird bei der Ersterwähnung die sonst ebenfalls übliche Variante in Klammern eingefügt.

Ende des Aufstands warteten, fuhr James Liddell in die Innere Mongolei zurück, um zu sehen, was aus der Missionsstation und den chinesischen Christen geworden war, die sie hatten zurücklassen müssen. Er fand die Station zerstört vor, während die Christen vor Ort untergetaucht waren. Die Region war noch nicht sicher genug für die Rückkehr der Missionare.

Nachdem James Liddell seinen Bericht denjenigen vorgetragen hatte, die von der Londoner Missionsgesellschaft als Verantwortliche für China berufen worden waren und als Feldleitung vor Ort arbeiteten, sandte die Missionsgesellschaft das Ehepaar in eines ihrer bestehenden Missionszentren in Siao Chang – einem kleinen, in der Zentralregion der Großen Ebene gelegenen Dorf. Zu diesem Zeitpunkt hatte das Paar bereits zwei Söhne. Am 16. Januar 1902, achtzehn Monate nach der Geburt ihres ersten Sohnes Robert, gebar Mary Liddell einen blonden Jungen mit blauen Augen und einem Kinngrübchen. Er bekam den Namen Eric Henry Liddell. Eigentlich sollte das Baby Henry Eric Liddell heißen, bis ein befreundeter Missionar darauf hinwies, dass die Initialen »H. E. L.«[3] lauteten. Sofort vertauschte James Liddell die Vornamen seines neugeborenen Sohnes.

Obwohl der Boxeraufstand niedergeschlagen war, schwelten in vielen Teilen Chinas weiterhin Zorn und Hass gegen Ausländer unter der Oberfläche. Das war allerdings in Siao Chang nicht der Fall. Die chinesischen Christen, die dort lebten, wünschten sich die Missionare zurück. Als Erics Eltern zum ersten Mal auf das Gelände kamen, hing ein Schild über dem Dorfeingang. Darauf war »Chung Wai I Chai« geschrieben, und die

3 Anmerkung der Übersetzerin: Sie erinnern an den englischen Begriff für »Hölle« (»hell«).

Missionare wussten, was das bedeutete: »Ein gemeinsames Zuhause für Chinesen und Fremde«. Wie glücklich waren James und Mary Liddell, irgendwo endlich wieder sicher zu sein!

Nachdem James und Mary Liddell neun Jahre in China gewesen waren, beschloss die Londoner Missionsgesellschaft, dass die Familie für ein Jahr nach Schottland zurückkehren sollte – auf Heimaturlaub, wie es offiziell genannt wurde.

»Wir fahren nach Hause!«, rief Robert, als er durch die Tür in den Hof rannte, wo Eric und Jenny mit einem neuen Wurf Kätzchen spielten.

»Nach Hause?«, fragte der fünfjährige Eric. »Wir sind zu Hause.«

»Nein, unser anderes Zuhause, Dummerchen, in Schottland«, antwortete sein älterer und klügerer Bruder, der selbst noch nie dort gewesen war.

An diesem Nachmittag begannen die Liddells, zu packen und ihre Heimreise vorzubereiten. Einige Tage später machten sie sich auf den Weg von Siao Chang nach Tianjin, wo sie ein Schiff nach Schanghai nahmen. Eric war mit seiner Familie schon an der Küste gewesen, aber mit einem Schiff war er noch nie gefahren. Er stand ganz erstaunt da und starrte über den Rand, bis Tianjin ganz außer Sicht war. In Schanghai gingen sie für die sechswöchige Reise von Schanghai nach Southampton an Bord eines deutschen Dampfers. Nach ihrer Ankunft in England nahm die Familie einen Zug nach London, wo James und Mary Liddell mit den Leitern der Londoner Missionsgesellschaft zusammentrafen und ausführlich über ihre Arbeit berichteten. Dann bestiegen sie einen anderen Zug für die letzte Etappe auf ihrem Weg heim nach Schottland.

Während der Zug nach Schottland rollte, wurden Erics Augen groß, als er aus dem Fenster sah. Es gab so viel leeres Land. Schafe grasten zwischen Burgruinen, und in den weiten grünen Tälern standen viele kleine Steinhäuschen. Alles entzückte Eric; Schottland war so anders als China und so anders als alles, was er sich vorgestellt hatte. Schließlich hielt der Zug an jener Bahnstation, die dem Dorf Dryman unweit des Loch Lomond am nächsten lag. James Liddell sagte seinem kleinen Sohn, dass sie nun »zu Hause« wären.

Eric liebte Dryman. Seine Eltern mieteten dort ein Haus, und so konnte er dieselben Plätze erkunden, die schon sein Vater als Kind ausgekundschaftet hatte. Erics Großvater besaß einen kleinen Lebensmittelladen in Dryman. Es dauerte nicht lange, bis Eric herausfand, dass ihm Aniskugeln, Lakritzkonfekt und englische Sahnebonbons gut schmeckten. Großvater Liddell führte im Nebenerwerb noch ein kleines Fuhrunternehmen, indem er Leute und Pakete von und zur Bahnstation beförderte. Das Dorf und der Bahnhof lagen ungefähr eineinhalb Kilometer voneinander entfernt. Viele Male saß Eric mit seinem Großvater oben auf dem Pferdewagen und schaute wichtigtuerisch auf die Welt hinunter, wenn sie zur Bahnstation fuhren.

Der einjährige Heimaturlaub ging schnell vorbei, und am Ende der Zeit hatte Erics Mutter etwas Wichtiges mit ihren Söhnen zu besprechen. Die beiden Jungen würden nicht mit dem Rest der Familie nach China zurückkehren. Es war nun an der Zeit, ihre Schulbildung an einer geeigneten englischen Schule zu beginnen. Im Jahr 1908 war es für Missionarskinder üblich, ein Internat in England zu besuchen, während ihre Eltern in Übersee in fremden Ländern dienten.

Rob (links) und Eric Liddell vor dem Eltham College im Jahr 1908.

Der sechsjährige Eric klammerte sich an seinen Bruder, als die beiden Jungen ihrer Mutter die Treppen hinauf in das triste steinerne Verwaltungsgebäude der Londoner Schule für Missionarssöhne folgten. (1912, als Eric und Robert immer noch dort eingeschrieben waren, wurde die Schule in »Eltham College« umbenannt.) Die Schule war 1842 von der Londoner Missionsgesellschaft gegründet worden, und alle 150 Jungen, die dorthin gingen, waren Söhne von Missionaren, wie das Schild am Eingang besagte. Sofern alles gut ging, würden Robert und Eric die Schule bis zu ihrem Abschluss besuchen und dann an die Universität wechseln können.

Eine Stunde nach ihrer Ankunft waren die Jungen mit grauen Flanellhosen, Jacke, Krawatte und Mütze ausgestattet, genau wie die anderen Jungen. Dann wurden ihnen ihre Betten am Ende einer langen Reihe von engen Pritschen gezeigt, die sich über die gesamte Länge des Schlafsaals im Obergeschoss zog. Neben jeder Pritsche befand sich ein Waschtisch mit einer Waschschüssel und einem Wasserkrug darauf. Die Jungs sollten ihre Sachen an den Haken neben ihrer Pritsche hängen und sich der übrigen Klasse anschließen, weil gleich die Kricketstunde auf dem hinteren Feld beginnen würde. Mary Liddell schlüpfte leise zur Schultür hinaus, während ihre Jungen eine Einführung in die Bedeutung eines Wickets (Ausscheiden des Schlagmanns), eines Maiden Over (Serie von sechs Würfen ohne erzielten Lauf) und anderer Dinge beim Kricketspiel erhielten. Es sollte sieben Jahre dauern, bis Eric und Robert ihre Mutter wiedersehen würden, und dreizehn Jahre, bis ihr Vater zurückkehren würde.

Nachdem er in China sorglos gelebt und etwa ein Jahr in der Wildnis des schottischen Hochlands verbracht hatte, war es für Eric schwierig, sich an das Leben in diesem grauen Steingebäude in London anzupassen. Er vermisste seine Eltern, seine jüngere Schwester Jenny sowie die Ziegen und Kätzchen, die er in China hatte. Weil er klein für sein Alter und sehr schüchtern war, überließ Eric das Reden seinem Bruder Robert. Er hatte schreckliche Angst davor, dass ihn jemand etwas fragte, wenn Robert nicht in seiner Nähe war.

In der Schule wurde jeder Teil von Erics und Roberts Leben, wie das der anderen Schüler, von jemand anderem organisiert. Die Schüler saßen bei den Mahlzeiten in langen Reihen, während ein Lehrer darauf achtete, dass sie sich ordentlich benahmen. Die Liddell-Brüder vermissten das chinesische Essen sehr. Sie waren an das Schmalzbrot und die Schüssel mit grauem Haferbrei, die es jeden Morgen zum Frühstück gab, nicht gewöhnt. Eric sehnte sich nach einer Schüssel mit Sojabohnen oder Hirse.

Alle Jungen der Schule marschierten in Reihen in ihre Klassen und saßen anschließend still auf ihren Plätzen, während ihr Lehrer den Unterricht hielt. Nach dem Unterricht gingen alle in den Studiersaal, wo sie ihre Hausaufgaben erledigten, wieder in Reihen sitzend. An jedem Donnerstagnachmittag schrieben sie unter der Aufsicht eines ihrer Lehrer Briefe an ihre Eltern. Diese ganzen Aufgaben waren anstrengend für einen kleinen Jungen, der es nicht gewohnt war, eine Schule zu besuchen.

Wie in den meisten Schulen des frühen 20. Jahrhunderts gingen die Stunden harten Lernens Hand in Hand mit einer Vielzahl von Möglichkeiten intensiver körperlicher Ertüchtigung. Sport war nichts, was ein Junge zusätzlich als Hobby betreiben konnte; Sport nahm einen beträchtlichen Teil des Schulalltags ein. Alle Jungen lernten im Winter Rugby spielen. Im Sommer spielten sie Kricket und nahmen an vielen Lauf-, Sprung- und Wurfwettbewerben teil.

Dieser hohe Stellenwert des Sports hatte den Zweck, britische Jungen zu lehren, nach Regeln zu spielen, Autorität zu respektieren und Teil einer Mannschaft zu sein. Während Eric an den Schulstunden keinen Spaß hatte, genoss er den Sport. In einem seiner Briefe an seine Familie in China schreibt Eric als Zehnjähriger: »Ich denke nicht viel über die Schulstunden nach, aber ich kann gut laufen.«

Und wie er das konnte! Beide – Eric und Robert – waren hervorragend in jeder Sportart, die sie ausprobierten.

Eine andere Beschäftigung, an der alle Schüler teilnehmen sollten, war die Schulaufführung. Der dafür verantwortliche Lehrer präsentierte jedes Jahr stolz ein neues Stück, und die Hauptrollen waren hart umkämpft. Auch die weiblichen Rollen wurden von den Jungen gespielt. In einem Jahr war die Wahl auf das Stück *Alice im Wunderland* gefallen. Eric wollte keine Hauptrolle; eigentlich wollte er überhaupt keine Rolle spielen. Für ihn war es eine Qual, daran zu denken, vor so vielen Menschen aufzustehen. Also gab der Lehrer, der die Aufführung mit den Schülern einstudierte, ihm die Rolle der Haselmaus – ein schüchternes kleines Tierchen, das kaum ein Wort zu sagen hatte. Das war genau das Richtige für Eric, der die Rolle ganz wunderbar spielte. Eric musste nicht einmal vorgeben, schüchtern zu sein! Nach diesem Stück und bis zu der Zeit, als er das Eltham College mit 19 Jahren verließ, war sein Spitzname »die Maus«.

In den Sommerferien fuhren die beiden Jungen mit dem Zug nach Dryman und blieben dort bei ihrem Großvater. Wenn sie nur wenige Tage freihatten, blieben sie entweder in der Schule oder verbrachten die Zeit bei Freunden.

Eric wäre eigentlich gern mehr in die Aktivitäten in der Schule einbezogen gewesen, aber er war einfach zu schüchtern. Einmal gab es ein Tennisturnier gegen eine benachbarte Mädchenschule, aber Eric machte in letzter Minute einen Rückzieher. Er konnte sich nicht vorstellen, worüber er mit einem Mädchen sprechen sollte, wenn er in die betreffende Schule kam. Es gab auch einen Bibelkreis, den die Jungen besuchen konnten, wenn sie wollten. Eric ging gern hin, aber er saß immer ganz hinten. So konnte er schnell den Raum verlassen, wenn er aufgerufen wurde, weil er eine Frage beantworten oder ein paar Sätze zu dem sagen sollte, worum es gerade ging.

Die Schuljahre gingen vorbei, kein neues Jahr unterschied sich wesentlich von dem davor. 1914, als Eric 12 Jahre alt war, geschahen jedoch zwei Dinge, an die sich Eric für den Rest

Von links: Rob mit Jenny, Ernest und Eric im Jahr 1915.

seines Lebens erinnern würde. Das erste war ein schönes Ereignis. Erics Mutter brachte noch einen kleinen Jungen zur Welt: Ernest. Eric wartete ungeduldig darauf, seinen neuen kleinen Bruder zu sehen, und seine Mutter versprach ihm, 1915 für einige Wochen nach London zu Besuch zu kommen. Dann würde neben Jenny auch Ernest dabei sein. Das zweite Ereignis war ein schreckliches und furchterregendes: Ein großer Krieg begann in Europa, der später der Erste Weltkrieg genannt wurde. Deutschland und die österreichisch-ungarische Monarchie standen auf der einen Seite, Frankreich, Großbritannien und Russland auf der anderen. Viele der älteren Schüler meldeten sich freiwillig, um für die Briten zu kämpfen. Bevor sie auf das Schlachtfeld zogen, besuchten sie das Eltham College stolz in ihren neuen khakifarbenen Uniformen, und jeder Junge trug ein modernes Lee-Enfield-Gewehr.

Innerhalb weniger Wochen wurden viele dieser neuen Rekruten auf den Schlachtfeldern in Flandern und in Frankreich getötet. Wie die übrigen Jungen in der Schule begann auch Eric, die tägliche Zusammenkunft zu fürchten, wo die aktuelle Liste der getöteten und verletzten »großen Jungen« vorgelesen wurde. Es war nicht einfach zuzuhören, wenn die Namen verlesen wurden. Es ging bei diesen toten und verwundeten Soldaten nicht nur um Namen, es ging um Menschen – Freunde, mit denen die Jungen Kricket und Rugby gespielt hatten, Freunde, die den jüngeren Schülern im Studiersaal geholfen hatten. Es war, wie wenn man einen großen Bruder nach dem anderen verliert, und das dauerte vier Jahre lang.

Der Sport schien Eric jedoch aufzumuntern. Wie sein älterer Bruder ließ Eric viel Potenzial erkennen. Zu dieser Zeit absolvierte Robert sein letztes Schuljahr am Eltham College, und Eric erwies sich für ihn als einziger echter Konkurrent im Sport.

Im Jahr 1918, als Eric sechzehn und Robert achtzehn war, galten die Brüder als die beiden Leichtathletikstars der Schule. Die Sportseite im Schulrekordbuch von 1918 liest sich folgendermaßen:

»Erster beim Querfeldeinlauf, Hochsprung und Hürdenlauf: Robert Liddell. Erster beim Weitsprung, 100-Yard-Lauf[4] und Viertelmeilenrennen: Eric Liddell.«

Wenn der eine Bruder Erster war, kam der andere immer an zweiter Stelle! Nicht nur das, Eric und Robert spielten auch Rugby für die *First Fifteen* und Kricket für die *First Eleven* (d. h. für die Spitzenmannschaften der Schule in den jeweiligen Sportarten). Robert und Eric (etwas später) wurden zum Kapitän fast aller Sportmannschaften der Schule gewählt.

1918 war Robert gerade alt genug, darüber nachzudenken, sich freiwillig für einen Kampfeinsatz zu melden. Doch weil in diesem Jahr der Erste Weltkrieg endete, verließ Robert, anstatt an die Front zu gehen, das Eltham College und zog nach Edinburgh, um dort Medizin zu studieren. Edinburgh, an der Ostküste von Schottland gelegen, sollte für die nächsten Jahre auch in Erics Leben eine wichtige Rolle spielen. Das erste Mal in seinem Leben war Eric ganz allein, getrennt von allen Familienmitgliedern. Aber er hatte wenig Zeit, einsam zu sein. Er hatte für einige schwierige und wichtige Prüfungen am Ende des

---

4 Anmerkung der Übersetzerin: Bis Ende der 1970er-Jahre waren neben den Meter-Distanzen auch Yard-Strecken üblich (1 Yard = 0,9144 Meter). Bei der später im Buch erwähnten 220-Yard-Distanz handelt es sich um eine Strecke, die 201,168 Meter lang ist.

Schuljahres 1919 zu lernen. Und wie gewöhnlich hielten ihn auch seine sportlichen Aktivitäten auf Trab. Eric war bei beiden Herausforderungen erfolgreich. Er schaffte seine Prüfungen und stellte mit 10,2 Sekunden einen neuen Schulrekord im 100-Yard-Lauf auf.

Ein Jahr später verließ Eric das Eltham College und fuhr mit dem Zug nordwärts nach Edinburgh, um sich an der dortigen Universität einzuschreiben. Es war eine sehr aufregende Zeit für ihn. Seine Mutter kam heim nach Schottland, gemeinsam mit der 17-jährigen Jenny und dem sechsjährigen Ernest. Sie würden wieder alle zusammen in Edinburgh leben, und Erics Vater sollte ein Jahr später nachkommen. Endlich würde die ganze Familie wieder zusammen sein.

1921 kehrte dann auch James Liddell tatsächlich nach Schottland zurück. Eric war sechs Jahre gewesen, als er seinen Vater das letzte Mal gesehen hatte. Nachdem sie sich gegenseitig über ihr Leben ausgetauscht hatten, fragte James Liddell seinen Sohn, was er denn machen wolle, wenn er sein Studium der Mathematik und der Naturwissenschaften beendet hätte. Eric musste zugeben, dass er sich darüber nicht im Klaren war. Allerdings hätte er sich in seinen wildesten Träumen nicht vorstellen können, dass er noch vor seinem Studienabschluss der berühmteste Mann Schottlands seiner Zeit sein würde.

EIN AUFSTREBENDES TALENT

Eric liebte es, an der Universität zu sein. Er konnte kommen und gehen, wann er wollte, und am Ende jedes Tages kam er nach Hause, wo ihn eine hausgemachte Mahlzeit erwartete, die er mit seiner Familie gemeinsam genießen konnte. Er war ein fleißiger Student und erhielt gute Noten, besonders in Chemie und Mathematik. Wenn er eine Lernpause brauchte, kam er mit einigen Freunden zusammen und beteiligte sich an einem freundschaftlichen Rugbymatch oder schlug ein paar Stunden einen Kricketball herum. Es dauerte nicht lange, bis diese Freunde bemerkt hatten, dass Eric ein sehr schneller Läufer war. Einer von ihnen, Bill Harvey, der selbst Läufer war, lud Eric ein, am Sportwettbewerb der Universität teilzunehmen. Zunächst lehnte Eric ab; er war schließlich an der Universität, um eine Ausbildung zu absolvieren, und konnte es sich nicht leisten, zu lange auf einer Laufbahn zu üben. Aber Bill Harvey suchte jemanden, an dem er seine Trainerfähigkeiten ausprobieren konnte, und am Ende gelang es ihm, Eric zur Teilnahme am 100-Yard-Lauf und 220-Yard-Lauf zu überreden.

Obwohl Eric zugesagt hatte, am Wettbewerb teilzunehmen, hatte er nicht vor, sich durch das Laufen von seinen sonstigen Aktivitäten abhalten zu lassen. Gemeinsam mit vier anderen Studenten hatte er während der Osterferien eine sechstägige Fahrradtour geplant – von Edinburgh zum Ben Nevis und zurück. Der Ben Nevis ist der höchste Berg in Schottland. Eric wollte ihn besteigen und die Aussicht vom Gipfel genießen. Aber Bill Harvey war dagegen, dass Eric mitfuhr. Es waren nur noch sechs Wochen bis zum Wettbewerb, und Bill hatte gelesen, dass beim Radfahren andere Muskeln beansprucht werden als beim Laufen. Eric glaubte ihm nicht und fuhr los. Eine Woche nach der Rückkehr von der Tour entdeckte Eric, dass Bill Harvey recht gehabt hatte. Wenn er zu laufen versuchte, verhärtete sich seine Beinmuskulatur, und er wusste, dass es schwierig werden würde, für das Rennen wieder in Form zu kommen.

Die fünf Wochen bis zum Wettkampf waren ausgefüllt. Bill Harvey nahm seine Aufgaben als Trainer ernst und verbrachte viele Stunden mit Eric, indem er seine Beinmuskeln massierte, um die Verspannung zu lösen. Als der Wettkampftag immer näher rückte, begann Eric, nervös zu werden. Es war eine Sache, am Eltham College zu laufen, wo ihn jeder kannte und sein eigener Bruder der Hauptkonkurrent war. Doch es war eine andere Sache, vor tausend fremden Menschen zu laufen!

Im Mai 1921 war es dann so weit. Bill Harvey hatte sich sehr bemüht, um Eric für seinen ersten Wettkampf in Schottland fit zu machen. Natürlich glaubte Eric nicht, dass er seine Läufe gewinnen könnte. Der beste Läufer Schottlands, Innes Stewart, trat in beiden Disziplinen gegen ihn an. Eric hoffte, zumindest unter den ersten drei zu landen. Eric Liddell und Innes Stewart waren gemeinsam im ersten Vorlauf des 100-Yard-Sprints.

Nervös trabte Eric zur Startlinie. Es war ein heißer Tag, und er wischte seine Stirn an seinem weißen Trikot ab, bevor er sich an der Startlinie neben den anderen Läufern in der Hitze niederhockte. Die Startpistole gab einen lauten Knall von sich, und die Läufer schnellten vorwärts. Die Menge jubelte Innes Stewart zu, und in weniger als elf Sekunden war alles vorüber. Erwartungsgemäß hatte Innes Stewart gewonnen, aber dicht gefolgt von Eric Liddell.

Das Finale fand später an diesem Nachmittag statt. Was Rennverlauf und Hitze anging, war es fast so wie am Vormittag, doch einen Unterschied gab es: Dieses Mal war es Eric Liddell, der das Zielband zerriss und das Rennen gewann, während Innes Stewart dicht dahinterlag. Eric hatte den 100-Yard-Sprint gewonnen. Die Menge spendete lauthals Beifall.

Am nächsten Tag fand das 220-Yard-Rennen statt, Innes Stewarts Spezialdisziplin. Innes war sicher, dass ihn niemand in Schottland schlagen konnte. Und er behielt Recht. Eric wurde Zweiter, mit genau 2,5 Zentimeter Rückstand! Die Menge tobte vor Begeisterung. Die Leute erkannten, dass sie nicht nur einen, sondern gleich zwei der besten zukünftigen Athleten Schottlands gesehen hatten. Eric stand stolz auf dem Siegerpodest, als er seinen Preis entgegennahm. Er war außer sich vor Freude, dass er in den beiden Rennen einen ersten und einen zweiten Platz belegt hatte. Während die Menge klatschte und jubelte, wussten die Zuschauer noch nicht, dass sie gerade etwas gesehen hatten, was danach niemand mehr auf schottischem Boden sehen würde: den Zieleinlauf eines Rennens, bei dem Eric Liddell Zweiter wurde. Ab diesem Zeitpunkt gewann Eric jedes Rennen, das er in Schottland bestritt.

Eric glaubte, dass nach seinem Sieg alles weitergehen würde wie bisher. Das war bis dahin immer so gewesen, wenn er ein Rennen am Eltham College gewonnen hatte. Er fand jedoch sehr bald heraus, dass an der Universität manche Dinge anders waren. Seit dem Mai 1921 war Eric Liddell der schnellste 100-Yard-Sprinter und der zweitschnellste 220-Yard-Läufer der ganzen Universität. Das bedeutete, dass Eric die große Medaillenhoffnung der Universität Edinburgh bei den schottischen Universitätsmeisterschaften in zwei Monaten war. Somit hatte er eine Verpflichtung, für seine Universität zu laufen. Obwohl sich Eric um den Fortgang seines Studiums sorgte, wusste er, dass er keine Wahl hatte; er musste antreten. Außerdem hatte Eric Freude am Laufen.

Der Sportklub der Universität war der Meinung, dass Bill Harvey als Trainer des Topläufers Eric Liddell nicht genug Erfahrung besaß. Deshalb wurde Bill durch Tom McKerchar, einen guten Trainer mit viel Erfahrung, ersetzt. Tom McKerchar nahm Eric mit zum Powderhall Stadium, wo er schon einige andere schottische Spitzenathleten trainierte. Als Eric das erste Mal das Stadion betrat, wollte er beinahe sofort wieder umkehren. Eine Gruppe erfahrener Läufer trainierte gerade, und das sah in Erics Augen ziemlich komisch aus. Zum Aufwärmen liefen sie wie übergroße Ballerinen auf Zehenspitzen, ohne sich fortzubewegen. Gleichzeitig wedelten sie wild mit ihren Armen und ließen ihre Schultern kreisen. Eric beschloss für sich, so etwas niemals vor einer Zuschauermenge zu tun.

Tom McKerchar hatte nach Erics Sieg beim Universitätswettbewerb zugestimmt, ihn zu trainieren, aber als er Erics furchtbaren Laufstil genauer studierte, wunderte er sich, wie Eric überhaupt hatte gewinnen können. Schon oft hatte Eric zu hören bekommen, dass sein Laufstil eigenartig sei. Er warf den Kopf in den Nacken und schob seine Arme nach vorne, was fast so aussah, als würde er gegen eine unsichtbare Zielscheibe boxen. Eric hatte aufgehört zu zählen, wie oft ihn Tom McKerchar dazu bringen wollte, den Blick geradeaus zu halten und die Arme ruhig seitlich am Körper vorbeigleiten zu lassen. Aber wie sehr es Eric auch versuchte, er konnte seinen Stil einfach nicht ändern. Allerdings hatte Tom McKerchar dahin gehend Erfolg, dass Eric das »Ballerina-Aufwärmen« ausprobierte, und schon bald tänzelte Eric wie alle anderen Läufer vor dem Rennen auf Zehenspitzen herum.

Die schottischen Universitätsmeisterschaften rückten bald näher. Tom McKerchar war mit Erics Geschwindigkeit zufrieden, wenn auch nicht mit seinem Laufstil. Eric gewann den 100-Yard-Sprint, Innes Stewart kam als Zweiter ins Ziel. Ihr Doppelsieg verhalf der Universität Edinburgh zu der großen Ehre, die beste Leichtathletikmannschaft in Schottland zu haben.

In zwei Disziplinen hatte Eric bewiesen, dass er ein Topathlet war, und je mehr er lief, desto öfter gewann er. Immer wieder brach er Rekorde. Er lief die 100 Yards in 10,2 Sekunden und die 220 Yards in 21,8 Sekunden. Das war ganze zwei Zehntelsekunden schneller als der vorherige Rekord. Auch den 440-Yard-Lauf[5] lief er in 52,6 Sekunden – viel schneller, als dies bisher jemand bei schottischen Universitätsmeisterschaften je geschafft hatte. Und es sollte 35 Jahre dauern, bis ein anderer Sportler den Rekord wieder brach!

Bald hatte Eric eine Gruppe von Fans, die von Ort zu Ort reisten, um ihn laufen zu sehen. Zuerst war ihm das unangenehm, aber andererseits hielt er es für eine nette Geste, dass so viele Menschen ihre freie Zeit dafür aufwandten, zu kommen und ihn anzufeuern.

So sehr seine Fans von seiner Schnelligkeit beeindruckt waren, noch mehr beeindruckte sie seine Einstellung. Obwohl Eric jedes Rennen gewinnen wollte und dafür hart trainierte, begegnete er den anderen Teilnehmern immer respektvoll.

5 Dies entspricht einer Viertelmeile (402,336 Meter).

Vor jedem Rennen schüttelte er jedem Läufer die Hand und wünschte ihm Erfolg. Er sagte niemals »Viel Glück!«, weil er nicht glaubte, dass Glück viel damit zu tun hatte, wenn man ein Rennen gewann. Für ihn waren Können und Training entscheidend für den Erfolg.

Eine andere Geste zeigte ebenfalls seinen Sportsgeist. Damals grub jeder Läufer zu Beginn des Rennens für sich selbst direkt hinter der Startlinie zwei kleine Löcher in den Rasen oder die Aschenbahn. In diese Löcher konnte der Läufer seine Zehenspitzen platzieren, um sich abzudrücken und einen besseren Start zu haben. Eric benutzte für diesen Zweck eine kleine Stahlkelle, und wenn er seine Löcher gegraben hatte, bot er die Kelle jedes Mal auch den übrigen Läufern an. Bei einer anderen Gelegenheit hatte ein weiterer Läufer der Universität Edinburgh die äußere Bahn beim 400-Yard-Lauf gezogen. Der 400-Yard-Lauf umfasst eine ganze Stadionrunde, und die äußere Bahn ist bei Läufern sehr unbeliebt. Der Läufer auf der Außenbahn steht in Gefahr, von einem anderen Läufer angerempelt zu werden. Es gibt weniger Markierungen, sodass der Läufer auf dieser Bahn irrtümlicherweise leicht auf eine innere Bahn gelangen kann, wo ihn dann der andere Läufer abdrängen und in die eigene Bahn zurückstoßen würde. Eric tauschte mit seinem Mannschaftskameraden die Bahn. Der Wechsel der Laufbahn bedeutete für ihn keinen Unterschied; er gewann trotzdem.

Mit jedem Triumph erhielt Eric auch einen Siegespreis, und schon bald stand die Liddell-Familie vor einem Problem, das sie vorher nie hatte: wertvolle Gegenstände im Haus zu haben. Es dauerte nicht lange, bis das Haus der Familie am Gillespie Crescent in Edinburgh voll mit Erics Preisen und Trophäen war. Es waren die üblichen goldenen und silbernen Pokale und Schalen, daneben Tortenständer, Uhren, Lederkoffer, Vasen und so viele Armbanduhren, dass jeder in der Familie drei tragen konnte. Außerdem gab es Besteckkästen, Füller, Salatschüsseln und silberne Teeservices. Weil all das Gold und Silber im Haus war, befürchtete Erics Mutter, dass eingebrochen werden könnte. Viele der wertvollsten Preise versteckte sie jede Nacht unter ihrem Bett. Aber es wurde niemals in das Haus eingebrochen, und Eric gewann weiterhin Preise.

Laufen war nicht die einzige Sache, in der Eric herausstach. Wegen seiner Schnelligkeit erhielt er einen Platz in der Rugbymannschaft der Universität von Edinburgh. Seit seiner frühesten Zeit am Eltham College liebte er das Rugbyspielen. Seine Position befand sich auf dem Flügel. Eine Rugbymannschaft besteht aus fünfzehn Spielern, acht vorn und sieben hinten. Nachdem bei einem Gedränge[6] die Stürmer den Ball mit den Füßen erkämpft haben, wird er vom sogenannten »Hakler« aufgenommen und zu den Spielern der Hintermannschaft gepasst. Am Ende der hinteren Linie stehen die Flügelspieler, einer auf der rechten Seite des Spielfelds und einer links. Wenn der Flügelspieler schließlich den Ball erhält, muss er versuchen, mit dem Ball so weit wie möglich in Richtung Ziellinie vorwärtszustürmen. Während der ganzen Zeit versuchen die Angehörigen der gegnerischen Mannschaft, durch Umklammern und Tiefhalten

---

6 Anmerkung des Herausgebers: Im Rugby gibt es zwei derartige Standardsituationen – das »Angeordnete Gedränge« und das »Offene Gedränge«. Aus dem Zusammenhang geht hervor, dass hier beide Situationen gemeint sein können. Auch in den späteren Ausführungen zu E. Liddells Tätigkeit als Sportlehrer in China wird auf beide Arten des Gedränges beim Rugby Bezug genommen.

denjenigen anzugreifen, der den Ball gerade hat. Die Position am Flügel war für Eric angesichts seiner Schnelligkeit natürlich maßgeschneidert. Wenn er den Ball bekam, schien er unglaubliche Spielzüge machen zu können und wertvolle Feldpositionen für seine Mannschaft zu gewinnen.

In seinem zweiten Jahr in Edinburgh bereiste das Rugby-Team der Universität ganz England und gewann sechs der sieben Spiele. Wegen seiner überragenden Leistung in diesen Spielen wurde Eric für die schottische Rugby-Nationalmannschaft nominiert.

Rugby war und ist bei den Menschen auf den Britischen Inseln mit viel Nationalstolz verbunden. Zwischen den schottischen, walisischen, irischen und englischen Mannschaften herrscht eine harte Konkurrenz. Im Jahr 1922 schlug Schottland Wales im Arms Park von Cardiff (Wales). Die Schotten hatten seit 1890 kein Spiel mehr gegen Wales gewonnen! Eric und der andere schottische Flügelspieler, Leslie Gracie, waren die Stars der Partie. Sie spielten eine meisterhafte Partie, und als der Schlusspfiff ertönte, hatte Schottland Wales mit elf zu acht Punkten geschlagen. Als das Spiel vorbei war, hoben die Angehörigen der unterlegenen walisischen Mannschaft Eric Liddell und Leslie Gracie erstaunlicherweise auf ihre Schultern und trug sie durch das Stadion. Jedermann, sogar die Verlierermannschaft, wusste anscheinend die Fähigkeiten der beiden schottischen Flügelspieler zu schätzen. Auf der Haupttribüne applaudierten sowohl die schottischen als auch die walisischen Fans.

Eric, der erfolgreiche Läufer und Rugbyspieler, war außerdem sehr fleißig. Es wäre für ihn einfach gewesen, sein Studium zu vernachlässigen, aber irgendwie schaffte er es, alles zu erledigen. Er kam sogar unter die drei besten Studenten seines Jahrgangs.

1922 kehrten Erics Eltern im Anschluss an den einjährigen Heimaturlaub mit Jenny und Ernest nach China zurück. Es war eine schwierige Zeit für Eric und Robert. Sie hatten sich daran gewöhnt, Teil einer »normalen« Familie zu sein, und es fiel ihnen schwer, dies aufzugeben und in ein Wohnheim zu ziehen. Eric tröstete sich mit der Tatsache, dass Robert noch ein Jahr lang da sein würde, bis er seinen Abschluss als Arzt machen und ebenfalls nach China zurückgehen würde.

Eric musste über einen Rat lachen, den ihm seine Mutter bei der Abfahrt gegeben hatte: Er sollte nicht so oft heiß duschen. Obwohl er erst zwanzig Jahre alt war, begann sein blondes Haar schon auszufallen, und seine Mutter fürchtete, seine Stirn würde bald ebenso kahl sein wie eine kleine Stelle am Hinterkopf. Niemand sonst in der Familie war so früh kahl geworden, und Erics Mutter führte es auf das häufige heiße Duschen nach Leichtathletikwettkämpfen und Rugbyspielen zurück. Eric fragte sich, was er nach Meinung seiner Mutter denn sonst tun sollte, nachdem er eineinhalb Stunden auf einem schlammigen Feld Rugby gespielt hatte.

Nicht nur, dass Eric das einzige blonde Mitglied seiner Familie war (und immer lichteres Haar bekam), er war auch der Einzige, der bislang nicht über seinen Glauben sprechen wollte. Nicht einmal seine Eltern wussten so genau, was er in Bezug auf geistliche Dinge dachte; er behielt die ganze Sache für sich. Er ging sonntags immer zur Kirche, las seine Bibel und führte »ein anständiges Leben«, aber aus irgendeinem Grund war es ihm unangenehm, mit anderen über Gott zu sprechen. Robert hingegen war ein sehr engagierter Christ. Kurze Zeit, nachdem die Eltern nach China abgereist waren, wurde ein Evangelisations-Einsatz für ganz Schottland organisiert, und Robert meldete sich bereitwillig, um dabei mitzuarbeiten.

Das Anliegen des evangelistischen Einsatzes bestand darin, durch Universitätsstudenten und Highschool-Schüler die Botschaft des Evangeliums an alle Menschen in ganz Schottland weiterzugeben. Während der Wochenenden und in den Ferien sollten Studenten und Schüler in örtlichen Kirchgemeinden übernachten und tagsüber Menschen für die Abendveranstaltungen einladen. Viele dieser Veranstaltungen waren sehr gut besucht, besonders in ländlichen Gegenden. In den großen Städten war es allerdings schwieriger. Die Männer aus der Arbeiterschicht hatten einfach kein Interesse an dem, was ihnen eine Gruppe von Universitätsstudenten sagen wollte. Trinkerei, Schlägereien und Glücksspiel – das war ihre Welt. Alles andere schien für sie belanglos zu sein. Was immer auch die Studenten ausprobierten, sie fanden keinen wirksamen Weg, ihre Botschaft an diese Leute aus der Arbeiterschicht weitergeben zu können.

Nun geschah es, dass eine Gruppe von Studenten der Universität Glasgow in eine Kirche in der Industriestadt Armadale (die zwischen Glasgow und Edinburgh liegt) kam, um dort das Evangelium zu verkündigen. Wieder standen die Betreffenden vor dem gleichen Problem, als sie nämlich mit ihrer Botschaft die Menschen der Arbeiterklasse erreichen wollten. Einer aus dieser Gruppe war David Thomson (oder »DP«, wie ihn die meisten Leute nannten). Während DP über die Sache nachdachte, hatte er eine Eingebung. Wie so viele andere Männer in Schottland liebten auch die Männer von Armadale Rugby. So dachte DP darüber nach, dass die Studenten die Männer aus der Gegend zu einem Rugbyspiel herausfordern sollten. Alle hielten das für eine gute Idee, und ein Spieltermin wurde festgesetzt. Viele Männer aus Armadale nahmen daran teil, und sie kämpften hart um den Sieg. Am Ende gewannen die Studenten knapp. Es war ein Sieg in mehrfacher Hinsicht. Die Studenten hatten sich mit einigen Männern, die mitgespielt oder zugesehen hatten, angefreundet und luden sie zu ihren Veranstaltungen ein.

DP freute sich einerseits über den Erfolg seiner Idee, andererseits aber war er frustriert darüber. Rugby war offensichtlich ein großer Magnet für diese Männer, aber die Studenten konnten nicht überall, wohin sie kamen, Rugby spielen. Ein Spiel zu organisieren, dauerte zu lange. Außerdem waren einige Studenten im Spiel verletzt worden. Trotzdem spürte DP, dass Rugby ein wichtiger Schlüssel war, um die Männer aus der Umgebung kennenzulernen. Dann kam ihm erneut eine zündende Idee. Er hatte bei einigen gemeinsamen Evangelisationseinsätzen Robert Liddell kennengelernt, und die beiden Männer hatten sich angefreundet. DP wusste, dass Robert ein eifriger Christ und sein jüngerer Bruder niemand anders als Eric Liddell war – der große schottische Rugbystar! Wenn DP Robert davon überzeugen konnte, Eric dazu zu bringen, vor den Männern von Armadale zu sprechen, würden Hunderte kommen, um einer so bekannten Person zuzuhören.

Je mehr DP über diese Idee nachdachte, umso aufgeregter wurde er. Es gab nur ein Problem. Er hatte Robert niemals etwas darüber sagen hören, ob Eric Christ war. Als DP den anderen

Studenten von seiner Idee erzählte, waren auch sie total begeistert. Wenn Eric Liddell Christ war und darüber sprechen wollte, waren sie sicher, dass sich die Stadthalle mit Menschen füllen würde.

Als Erstes fuhr DP am nächsten Morgen per Anhalter nach Edinburgh. Er ging direkt zu dem Wohnheim, wo die Liddell-Brüder lebten. Robert öffnete die Tür, und DP verlor keine Zeit, ihm zu erzählen, warum er gekommen war. Robert sah DP komisch an.

»Du wirst ihn für uns fragen, nicht wahr?«, begann DP.

Robert zuckte mit den Schultern. »Ich denke, du solltest ihn besser selbst fragen. Er ist gerade zum Laufen unterwegs, aber er sollte bald zurück sein.«

Während sie auf Eric warteten, sprachen DP und Robert darüber, welche Fortschritte der Evangelisations-Einsatz in Schottland machte. Nach ungefähr zwanzig Minuten ging schließlich die Tür auf, und Eric schlenderte herein. Sobald er den Fremden neben Robert erblickte, hielt er an und stellte sich vor. »Hallo, ich bin Eric Liddell«, sagte er.

DP war für einen Moment sprachlos. Dann überschlugen sich seine Worte. »Hallo, ich bin David Thomson, kurz DP. Ich bin ein Freund von Robert. Wir haben gemeinsam an einigen Evangelisations-Einsätzen teilgenommen.«

Eric nickte, als er sich einen Stuhl heranzog. Er hatte gehört, dass sein Bruder von DP gesprochen hatte.

Nervös legte DP seinen Plan Eric dar. Als er geendet hatte, saß Eric still da. Er legte sein Gesicht in seine Hände und seufzte tief. DP sah zunehmend nervös aus, als hätte er etwas gesagt, was man lieber nicht sagen sollte.

Nach einer Zeit, die wie eine Ewigkeit erschien, sah Eric wieder auf. »In Ordnung«, sagte er. »Ich werde es machen. Sag mir, wo und wann du mich brauchst.«

Wie eine Türangel eine riesige Tür aufschwingt, so veränderte diese einfache Aussage für immer die Richtung von Erics Leben. Sein Privatleben stand nun immer mehr im Blickfeld der Öffentlichkeit.

WICHTIGERE DINGE

Am 6. April 1923 stellte Robert Liddell seinen jüngeren Bruder den achtzig Männern vor, die sich in der Stadthalle von Armadale eingefunden hatten. Die Männer applaudierten, als Eric aufstand, um zu sprechen. Eric trat nervös von einem Bein aufs andere. Er hasste es, im Mittelpunkt zu stehen. Einen kurzen Moment stand er einfach da und sagte kein Wort. Dann holte er tief Luft und begann. Er redete nicht wie ein Prediger von der Kanzel oder ein Lehrer im Klassenraum. Stattdessen sprach er ruhig und leise, als ob er sich mit einem guten Freund unterhalten würde. Er redete darüber, wie Gott sein Leben regierte und wie er alles, was ihm passierte, als Gottes guten Plan annahm. Er sprach auch darüber, wie sehr Gott ihn und alle anderen, die in der Stadthalle saßen, liebte. Dann dankte er ihnen für ihre Aufmerksamkeit und setzte sich wieder.

Zu Erics großer Überraschung war er am nächsten Tag in allen schottischen Tageszeitungen abgebildet, wobei jeweils ein Bericht über seine Rede in Armadale angefügt war. Der Mann, der nie Aufmerksamkeit auf sich ziehen wollte, war nun berühmter als je zuvor.

Von nun an begannen Kirchen und christliche Gruppen von überallher, ihn zu Vorträgen einzuladen. In der darauffolgenden Woche fand sich Eric in einer anderen Stadthalle wieder: in Rutherglen, am Stadtrand von Glasgow. Dieses Mal waren 600 Männer gekommen, um ihn zu hören. Eric gab ihnen die gleiche einfache Botschaft weiter wie in Armadale, in der gleichen einfachen Weise wie dort.

Als Eric vor der Menge in Rutherglen stand, erkannte er, dass er ein Geschenk bekommen hatte – das Geschenk des Ruhms, und er konnte es benutzen zur Weitergabe der Botschaft des Evangeliums an Tausende von Menschen. Von diesem Augenblick an war er nie wieder schüchtern, wenn er vor einer Volksmenge stand und sprechen sollte. Im Gegenteil – er versuchte, jede Einladung zu einem Vortrag wahrzunehmen.

Wenn Eric gemeint hatte, dass sein Leben bisher arbeitsreich war, so war es jetzt ziemlich hektisch geworden. Während der Woche besuchte er die Vorlesungen und lernte für seinen Abschluss. An den Wochenenden nahm er an Laufwettbewerben teil und vereinbarte Termine für Vorträge, die er auf dem Weg dorthin und zurück halten würde. Manche Sportreporter befürchteten, dass Eric zu viel wollte und dass am Ende seine Laufkarriere leiden würde. Aber man musste sich nur Erics Ergebnisse bei den Wettbewerben in Schottland ansehen, um zu wissen, dass dem nicht so war. Tatsächlich schien es genau andersherum zu sein; je mehr Zeit Eric für Vorträge aufwandte, desto schneller lief er.

Auf die Frage, wie er denn so schnell laufen könne, antwortete er oft, dass er die erste Hälfte eines Rennens so schnell wie möglich laufe und dann Gott bitte, ihm zu helfen, die zweite noch schneller zu laufen.

Irgendwo im Kopf aller Schuljungen oder Schulmädchen, die jemals ein Rennen gewonnen haben, schlummert der Traum, eines Tages eine Medaille bei den Olympischen Spielen zu gewinnen. Eric hatte diesen Traum seit langer Zeit gehabt. Als nun die Ausscheidungswettkämpfe für die britische Mannschaft ausgeschrieben wurden, die an den Olympischen Spielen 1924 teilnehmen sollte, wollte Eric unbedingt versuchen, ebenfalls in die Mannschaft zu kommen. Die Wettkämpfe waren für

Anfang Juli 1923 im Stadion an der Stamford Bridge (London) geplant, während die Olympischen Spiele selbst genau ein Jahr später in Paris stattfinden sollten.

Obwohl Eric der beste Sprinter in ganz Schottland war, war er nicht automatisch für die britische Nationalmannschaft nominiert. Großbritannien besteht aus England, Nordirland, Schottland und Wales, und jedes dieser Länder hat seine eigenen guten Athleten. Die einzige Möglichkeit, sich einen Platz in der Mannschaft zu sichern, bestand also darin, bei den britischen Meisterschaften und olympischen Ausscheidungen im Stadion an der Stamford Bridge unter die ersten drei im jeweiligen Wettbewerb zu kommen.

Eric schaffte es – und noch viel mehr! Er gewann beide Vorläufe sowie beide Finals und stellte dabei mit 9,7 Sekunden einen neuen britischen Rekord im 100-Yard-Lauf auf. (Dieser Rekord sollte die nächsten 35 Jahre halten, bis Peter Radford ihn brach.) Eric kam beim 220-Yard-Lauf in 21,6 Sekunden ins Ziel, seine persönliche Bestzeit über diese Distanz. Am Ende des Wettbewerbs wurde er mit dem Harvey Cup für den besten Athleten des Jahres ausgezeichnet. Was für ihn natürlich noch wichtiger war – er hatte sich seinen Platz in der britischen Olympiamannschaft gesichert. Er war für den 100-Meter-Lauf und den 200-Meter-Lauf qualifiziert. Nachdem die Mannschaft bekannt gegeben worden war, strotzten die Zeitungen im ganzen Land vor Berichten über »Großbritanniens vielversprechendste Hoffnung auf eine Goldmedaille im 100-Meter-Lauf«.

Am folgenden Wochenende präsentierten die Zeitungen noch mehr aufregende Neuigkeiten. Eric hatte ein »Wunder« vollbracht! Zumindest hatte das für die Zuschauer in Stoke-on-Trent so ausgesehen. Eric repräsentierte Schottland bei einem Wettkampf gegen Irland und England. Er war für den 440-Yard-Lauf nominiert, eine Distanz einmal um die ganze Bahn. Eric war diese Distanz kaum jemals bei einem Wettbewerb gelaufen, deshalb galt er nicht als Favorit. Bei der Auslosung zog er die innerste Bahn – die beste, die man sich wünschen konnte. Wie gewöhnlich schüttelte er vor dem Start die Hände aller anderen Teilnehmer, unter denen sich auch J. J. Gillies, ein Läufer aus England, befand. Gillies lief auf der Bahn neben Eric. Als die Startpistole krachte, kamen beide auf den ersten Metern gut von der Stelle. Aber es dauerte nur eine Sekunde, bis das Unheil zuschlug. J. J. Gillies wollte unbedingt eine gute Position in seiner Bahn bekommen und prallte gegen Eric. Dabei schubste er ihn über die Innenkante ins Gras. Ein Raunen ging durch die Zuschauermenge.

Gillies konnte sein Gleichgewicht wiedererlangen und weiterlaufen, Eric aber lag im Gras. Das Rennen war für ihn vorbei. Zumindest dachte er das. Er nahm an, dass er disqualifiziert war. Plötzlich sah er jedoch aus den Augenwinkeln, dass ihm einer der Offiziellen energisch zuwinkte, dass er aufstehen und weiterlaufen solle. Offenbar war er nicht disqualifiziert, daher sprang er auf und spurtete den anderen Läufern hinterher, die mittlerweile schon mindestens 20 Meter vor ihm lagen.

Weil bei solchen Rennen stets Zentimeter entscheiden, schien es unmöglich, dass Eric aufschließen könnte. Aber irgendwie wurde Eric immer schneller. Bald sprang die Zuschauermenge auf, brüllend vor Begeisterung. War es möglich, dass Eric die anderen Läufer einholen könnte? Ja! Er preschte an den Letzten vorbei, und 40 Meter vor dem Ziel lag er an vierter Stelle.

Er warf seinen Kopf noch weiter zurück als gewöhnlich und befahl seinen Beinen, sich noch schneller zu heben. Seine Beine gehorchten. Als die Läufer auf der Zielgeraden waren, schloss er auf, sodass er mit dem Führenden gleichauf war. Dann geschah etwas, was keiner für möglich gehalten hätte: Er beschleunigte noch mehr und sprintete als Erster über die Ziellinie.

Eric brach auf der Bahn zusammen, völlig ausgepumpt. Als ihn sein Trainer und seine Mannschaftskollegen auf einer Bahre vom Feld trugen, war die Zuschauermenge aufgesprungen und applaudierte ihrem neuen Champion. Eric Liddells Lauf an diesem Tag ging in die Geschichte als »das beste 440-Yard-Rennen aller Zeiten« ein.

Eric wurde als Held in Schottland willkommen geheißen. Wieder einmal waren die Menschen in Schottland stolz auf ihn, und seine Landsleute warteten schon ungeduldig auf die Olympischen Spiele, wo sie sehen wollten, wie ihr Held die Goldmedaille im 100-Meter-Lauf gewann.

Die Dinge liefen jedoch anders. Eines Morgens im April 1924, drei Monate vor dem Beginn der Olympischen Spiele, erhielt Eric eine Liste der Veranstaltungen, an denen er teilnehmen sollte. Neben jeder Veranstaltung standen die Termine für die Vorläufe und die Finals. Neben den Vorläufen für den 100-Meter-Lauf stand ein schicksalsträchtiges Wort: *Sonntag*.

Eric starrte die Seite lange an. Sonntag. Da stand ohne Frage »Sonntag«. Erics Vorlauf für die Finalqualifikation sollte an einem Sonntag stattfinden. Aber Eric würde am Sonntag nicht laufen. Darüber bestand bei ihm überhaupt kein Zweifel. Sein Trainer und der schottische Leichtathletikverband wussten bereits, dass er nie an Rennen teilnahm, die sonntags ausgetragen wurden; das hatte er niemals getan und würde es auch nie tun. Seit seiner frühesten Kindheit war er gelehrt worden, dass der Sonntag ein Tag der Ruhe und ein Tag der Ehrerbietung gegenüber Gott sei. Sein ganzes Leben lang hatte Eric dieses Gebot geachtet. Der Sonntag war der Tag für Gott, und nichts, nicht einmal die Aussicht auf eine Goldmedaille, würde ihn von seiner Meinung darüber abbringen.

Eric verständigte das Britische Olympische Komitee, dass er am 100-Meter-Sprint nicht teilnehmen konnte. Die Zeitungen waren sofort voll von Meldungen darüber, dass Eric Liddell abgelehnt hatte, für die Goldmedaille im 100-Meter-Lauf zu kämpfen. Nun trat ihm die Öffentlichkeit, die ihn bisher für seine läuferischen Fähigkeiten und seinen Charakter bewundert hatte, feindlich entgegen. Manche Leute bezeichneten ihn sogar als Landesverräter – als einen Mann, der untauglich sei, Schottland zu repräsentieren.

Eric war schockiert über die bösen Dinge, die die Leute ungerechtfertigterweise über ihn sagten, aber er änderte seine Meinung nicht. Soweit es ihn betraf, würde er nicht am Sonntag laufen, und damit hatte es sein Bewenden. Zu allem Übel wurden die Termine für die Staffelvorläufe kurz danach bekannt gegeben. Auch die 4 x 400-Meter- und die 4 x 100-Meter-Staffelläufe sollten an einem Sonntag stattfinden. Konsequenterweise lehnte Eric auch eine Teilnahme an diesen Wettbewerben ab.

Die Vertreter des Britischen Olympischen Komitees trafen sich inoffiziell mit den Organisatoren der Spiele in Paris, aber es schien, dass sie wenig am Zeitplan der Veranstaltungen ändern konnten. Wenn ein Teilnehmer an einem bestimmten Tag nicht zum Wettkampf antreten wollte, sahen das die Organisatoren nicht als ihr Problem an. Eric akzeptierte das. Es war seine Entscheidung, und er musste auch die Konsequenzen dafür tragen.

Währenddessen versuchte das Britische Olympische Komitee, das Beste aus einer schlechten Situation zu machen. Sie baten Eric, über eine Teilnahme an den 200-Meter- und 400-Meter-Läufen nachzudenken, obwohl er nach allgemeiner Meinung bei keiner dieser Disziplinen eine Gewinnchance hatte. Er stimmte zu. Das Komitee verstärkte auch seine Unterstützung für Harold Abrahams, den englischen Läufer, der weiterhin auf der 100-Meter-Strecke laufen wollte. Harold war nicht so schnell wie Eric, aber immerhin der Beste, den Großbritannien unter diesen Umständen aufbieten konnte.

Während all das passierte, geschahen noch andere Dinge in Erics Leben. Robert hatte seine medizinische Ausbildung abgeschlossen und war von der Londoner Missionsgesellschaft als Missionsarzt in China angenommen worden. Die Brüder trennten sich, ohne zu wissen, wie lange es dauern würde, bis sie sich wiedersahen.

Nach seiner Ankunft in China berichtete Robert seinem Bruder von dem Chaos, in dem sich das Land befand. Ein harter Kampf um die politische Macht im Land war im Gange, und wie üblich waren es Angehörige der Landbevölkerung – Bauern und arme Menschen –, die am meisten unter den Auswirkungen litten. Diese Menschen brauchten so viel Hilfe, wie sie nur bekommen konnten. Als er den Brief las, traf Eric an Ort und Stelle eine Entscheidung. Er beschloss, den Fußstapfen seiner Familie zu folgen und nach China in die Mission zu gehen.

Er wusste noch nicht, wohin er in China gehen sollte; daher wollte er zuerst nach Tianjin gehen, wo er geboren war und wo seine Eltern nun stationiert waren. Dort konnte er bei seiner Familie leben, während er sich einrichtete. Ohne jemandem davon zu erzählen, schrieb er an die anglochinesische Schule in Tianjin, um anzufragen, ob man dort die Dienste eines Naturkunde- oder eines Sportlehrers benötigte. Als er den Brief abschickte, wusste er, dass er einige Monate auf die Antwort würde warten müssen. Das war ihm gerade recht, weil er während dieser Zeit des Wartens viel zu tun hatte.

Damit er an den Olympischen Spielen teilnehmen und gleichzeitig sein Studium in der vorgesehenen Zeit abschließen konnte, hatten Erics Professoren ihm seine Aufgaben schon vorzeitig ausgehändigt. Das bedeutete jedoch eine Menge an zusätzlicher Arbeit für Eric, abgesehen vom Training für die Spiele. Schließlich lag die harte Arbeit hinter ihm, und Eric schloss sich der britischen Olympiamannschaft für die Reise über den Ärmelkanal nach Paris an. An Bord des Schiffes kamen viele andere Athleten zu ihm und bekundeten ihm unter vier Augen ihre Bewunderung für seine Haltung, am Sonntag nicht zu laufen. Eric freute sich über ihre Unterstützung, wenngleich sie das nicht laut vor der Presse sagten.

Und dann folgte nach der Ankunft in Paris die offizielle Eröffnung der 8. Olympischen Spiele der Neuzeit. Die Olympischen Spiele waren im Jahr 776 v. Chr. in Athen in Griechenland ins Leben gerufen worden, um die zwölf Götter (besonders Zeus als den mächtigsten von ihnen) zu ehren, die nach der Mythologie auf dem Berg Olymp lebten. Die Spiele wurden alle vier Jahre ausgetragen und fanden damals an einem Tag mit

Laufveranstaltungen und Ringkämpfen statt. Schließlich wurden sie im Jahr 393 n. Chr. vom römischen Kaiser Theodosius verboten. Am Ende des 19. Jahrhunderts hatte es sich ein Franzose, Baron Pierre de Coubertin, zur Aufgabe gemacht, die Olympischen Spiele wieder ins Leben zu rufen. Diesmal sollte jede Nation der ganzen Welt Teilnehmer entsenden, und es sollten viele sportliche Disziplinen ausgetragen werden. Die Idee wurde gut aufgenommen, und 1896 wurden die ersten Olympischen Spiele der Neuzeit in Athen eröffnet. Seitdem waren die Spiele bis 1924 alle vier Jahre ausgetragen worden, mit Ausnahme von 1916, als sie wegen des Ersten Weltkrieges abgesagt worden waren.

Über die Jahre gab es immer wieder Veränderungen bei den Spielen. An den Olympischen Spielen 1912 in Stockholm (Schweden) durften zum ersten Mal auch Frauen teilnehmen, und die Spiele 1924 in Paris waren die ersten, die auch Wintersportarten beinhalteten. (Selbstverständlich wurden die Wettkämpfe in den Wintersport-Disziplinen nicht in der glühenden Hitze von Paris ausgetragen, sondern in den französischen Alpen in Chamonix, und zwar vom 25. Januar bis zum 5. Februar 1924.)

Jedes Land hatte ebenso eine unterschiedliche Praxis, wenn es um die Gewährung von Privilegien für die Teilnehmer an den Spielen ging. Die USA investierten eine Menge Geld, um ihre Teilnehmer zu unterstützen. Die Regierung heuerte einen Ozeandampfer an, die *USS America*, um das US-Team zu den Spielen zu bringen. Das Schiff hatte sogar eine eigene 200-Meter-Bahn an Bord, sodass die Athleten selbst während der Überfahrt weitertrainieren konnten. In Paris hatte die amerikanische Mannschaft die besten Unterkünfte und genügend Geld, die zwei- oder sogar dreifache Summe der üblichen Taxi-Tarife zu bezahlen. Aus diesem Grund hatten die übrigen Mannschaften oft Mühe, ein Taxi zu bekommen, das sie zum Stadion von Colombes bringen sollte, wo die Wettkämpfe ausgetragen wurden. Wenn Athleten keine Amerikaner waren, schienen die Taxifahrer kein Interesse zu haben, sie mitzunehmen. Vielen anderen Teilnehmern blieb oft nur der Ausweg, private Autos anzuhalten und darum zu bitten, bis zum Stadion mitgenommen zu werden, damit sie an ihrem Wettbewerb teilnehmen konnten.

1924 war das erste Jahr, in dem die britische Regierung für Reise und Unterkunft ihrer Athleten aufkam. Bis dahin musste jeder Teilnehmer seine Ausgaben selbst bestreiten. Es war gut, dass die britische Regierung diese Änderung beschlossen hatte, denn Eric hätte niemals selbst das notwendige Geld zur Deckung seiner Ausgaben aufbringen können.

Während der Eröffnungszeremonie marschierte Eric mit den übrigen Angehörigen der britischen Mannschaft stolz ins Stadion von Colombes ein. Der Union Jack wehte über ihnen. Die Mannschaft war in Blau und Weiß gekleidet; die Frauen trugen weiße Röcke und blaue Blazer, während die Männer weiße Hosen und die gleichen blauen Blazer angezogen hatten. Die Männer trugen außerdem noch weiße Strohhüte. Der Klang der Dudelsäcke, die von den königlichen Bläsern gespielt wurden, erfüllte die Luft, als die Athleten einmarschierten. Jeder männliche Teilnehmer zog als Geste des Respekts den Hut, als sie an dem Podium vorbeikamen, auf dem der französische Präsident und Baron Pierre de Coubertin standen. Hintereinander marschierten die restlichen Mannschaften ins Stadion ein, bis alle 45 Teams nebeneinander in der Mitte des Feldes aufgereiht waren. Manche Teams waren ungeheuer groß, die US-Mannschaft hatte allein über 400 Teilnehmer. Dagegen hatte China nur zwei Athleten geschickt, Haiti nur einen einzigen. Der einsame Haitianer musste seine Flagge tragen, ohne Mannschaftskameraden zu haben.

Als die heiße Nachmittagssonne herunterbrannte, begann die Eröffnungszeremonie. Baron Pierre de Coubertin erklärte die Spiele für eröffnet, Kanonenschüsse ertönten, Tausende von Tauben wurden freigelassen, und die olympische Flagge wurde in der heißen, stehenden Luft gehisst. Die Olympischen Spiele von 1924 hatten offiziell begonnen.

Als die Mannschaften sich bereit machten, das Stadion wieder zu verlassen, ging Lord Cadogan, der Vorsitzende des Britischen Olympischen Komitees, zur britischen Mannschaft hinüber und wünschte allen Mitgliedern Glück. Während er zwischen den Teilnehmern hindurchging und ihre Hände schüttelte, blieb er genau vor Eric stehen und sagte mit lauter Stimme: »Die Teilnahme an den Spielen ist die einzige Sache im Leben, die wichtig ist.« Lord Cadogan sah Eric direkt an, als er sprach, und Eric verstand, was er sagen wollte. Eric hatte eine Goldmedaille für Großbritannien weggeworfen, und es gab viele Menschen, die ihm das nie verzeihen würden. Daraufhin verließ Eric an diesem Tag das Stadion etwas weniger begeistert als bei seiner Ankunft. Aber er marschierte dennoch erhobenen Hauptes hinaus. Niemand, nicht einmal ein englischer Adliger, konnte ihm den Beweis dafür liefern, dass die Teilnahme an einem olympischen Wettkampf die wichtigste Sache in seinem Leben war. Das war nämlich nicht der Fall.

Eric kümmerte sich nicht darum, was die Menschen von seiner Entscheidung hielten. Trotzdem war er entschlossen, sein Bestes in den Wettbewerben zu geben, für die er nominiert war, und er wollte warten und sehen, was dabei herauskam. Das Ergebnis würde jede Anstrengung wert sein, die er dafür aufgewandt hatte.

GEGEN ALLE ERWARTUNGEN

Der Tag nach den Eröffnungsfeierlichkeiten war Sonntag – nicht irgendein Sonntag, sondern jener Sonntag, an dem Eric sich geweigert hatte, beim Vorlauf über 100 Meter anzutreten. Harold Abrahams, ein Student der Universität Cambridge, stellte sich mit den anderen Teilnehmern auf, um sich für das 100-Meter-Finale für Großbritannien zu qualifizieren. Unterdessen war Eric nirgends zu sehen. Eric war in der Scots Kirk, einer Kirche auf der anderen Seite der Stadt. Während die Vorläufe für den 100-Meter-Sprint ausgetragen wurden, hielt Eric eine Predigt für die Gemeinde. Als er aus der Kirche herauskam, hörte er die gute Nachricht, dass Harold Abrahams seinen Vorlauf gewonnen hatte und somit für das Finale am nächsten Tag qualifiziert war.

Eric war von dieser Nachricht begeistert. Vielleicht würde Großbritannien doch noch seine Goldmedaille bekommen. Und genau das geschah auch. Am nächsten Tag war Eric im Stadion, um Harold Abrahams anzufeuern, als Harold über die Bahn flitzte und mit einer großartigen Zeit gewann: 10,6 Sekunden. Harold war der erste Europäer überhaupt, der in dieser Disziplin eine Goldmedaille gewann. Eric klatschte und pfiff gemeinsam mit den anderen. Als der Union Jack über dem Stadion von Colombes gehisst und »God Save the King« gespielt wurde, stand Eric stolz auf seinem Platz und sah zu, wie Harold Abrahams die Goldmedaille umgehängt wurde. Aber neben dem Nationalstolz verspürte Eric auch einen kleinen Anflug von Traurigkeit. Möglicherweise hätte er dort stehen und die Medaille entgegennehmen können. Trotzdem bereute er seine Entscheidung nicht, sonntags nicht zu laufen. Dadurch, dass Großbritannien die ersehnte Goldmedaille gewonnen hatte, fühlte sich Eric natürlich deutlich besser. Letztendlich hoffte er auch, dass die Presse aufhören würde, schreckliche Geschichten über ihn zu schreiben, und er sich schließlich auf die Wettbewerbe konzentrieren konnte, die er bestreiten würde.

In dieser Nacht schlief Eric tief und fest im Hotel du Louvre, und am nächsten Morgen stand er früh auf, um sicher eine Fahrt zum Stadion zu bekommen und rechtzeitig einzutreffen, bevor sein Lauf begann. Bereits mehrere Athleten hatten während der Spiele in Paris die herzzerreißende Situation durchlitten, dass sie weder ein Taxi noch ein privates Auto erwischten, das sie rechtzeitig vor dem Beginn ihres Wettbewerbs ins Stadion bringen konnte.

Eric kam im Stadion an und hatte noch viel Zeit. Er schlenderte im britischen Laufdress aus der Umkleidekabine – schlabbrige weiße Hosen, die um seine Knie flatterten, und ein weißes Oberteil mit kurzen Ärmeln. Er begann, sich für den Vorlauf im 200-Meter-Rennen aufzuwärmen. Harold Abrahams trat im gleichen Vorlauf an. Schließlich wurden die Läufer zur Startlinie aufgerufen. Sobald die Startpistole ertönte, rannten Eric und Harold die Bahn entlang und qualifizierten sich für das Finale. Diejenigen, die sich mit dem Laufen auskannten, gaben jedoch keinem von beiden eine Chance, im Finale unter die ersten drei zu kommen. Die amerikanischen Läufer galten als heiße Favoriten, weil ihnen in Bezug auf alle Distanzen die größten Medaillenchancen eingeräumt wurden.

Als sich Eric Liddell und Harold Abrahams für das 200-Meter-Finale aufstellten, standen vier andere Männer neben ihnen. Alle vier waren aus den Vereinigten Staaten. Als die Startpistole knallte, hatten die anderen Läufer einen guten Start.

Eric jedoch reagierte nicht schnell genug. Trotzdem schaffte er es, im Sprint auf der Zielgeraden Harold Abrahams und zwei der Amerikaner zu überholen. Die anderen beiden Amerikaner hatten die Ziellinie vor ihm erreicht, aber Eric hatte immerhin die Bronzemedaille für Großbritannien gewonnen. Harold Abrahams wurde Letzter.

Das Ergebnis des 200-Meter-Finals ließ in den Augen aller keinen Zweifel daran, dass die Amerikaner die besten Läufer bei den Spielen waren und wahrscheinlich auch alle anderen Rennen gewinnen würden, besonders das 400-Meter-Rennen. Es gab allerdings ein Gerücht, dass die Schweiz einen starken Läufer für die 400 Meter aufgestellt hatte, der ihnen vielleicht eine Medaille streitig machen könnte. Großbritannien hätte eine Medaillenchance gehabt, wenn sich Guy Butler nicht vor den Spielen das Bein verletzt hätte. Butler hatte bei dem Wettbewerb 1920 in Antwerpen eine Silbermedaille gewonnen. Die britischen Trainer hatten sein verletztes Bein zwar so bandagiert, dass er laufen konnte, aber es war zu schmerzhaft für ihn, beim Start in die Hocke zu gehen. Guy Butler musste also aus dem Stand starten, was einen Medaillengewinn sehr unwahrscheinlich machte. Eric war ebenfalls für das Rennen nominiert; allerdings waren die 400 Meter nicht seine übliche Wettkampfdistanz, und daher gab ihm niemand eine Chance, eine Medaille zu gewinnen.

Die Vorläufe für das 400-Meter-Rennen fanden am Donnerstag statt, dem bis dahin heißesten Tag der Spiele. Die Temperatur stieg auf 45 Grad Celsius. Normalerweise machte Eric die Hitze nichts aus. Wie die meisten Läufer mochte er heißes Wetter, weil dadurch die Muskeln weich und geschmeidig wurden.

Dieses Wetter war jedoch schon fast zu heiß zum Laufen. Der 10 000-Meter-Querfeldeinlauf war früher am Tag gestartet worden, und von den 38 Läufern, die angetreten waren, kamen nur 23 ins Ziel. Die restlichen waren wegen der Hitze auf der Strecke zusammengebrochen. Die Zeitungen hatten das Stadion von Colombes schon bald als »Hexenkessel« tituliert, und an diesem Tag schien der Spitzname wirklich zu passen.

Obwohl niemand erwartete, dass er etwas zustande bringen würde, warf Eric seine ganze Energie in das Rennen und schaffte es gerade so, ins Finale zu kommen. Erstaunlicherweise auch Guy Butler. Als bester Läufer in ihrem Vorlauf stellte sich jedoch der Schweizer Läufer Joseph Imbach heraus, der alle damit überraschte, dass er in der glühenden Hitze den Weltrekord über diese Distanz brach. Imbach lief die 400 Meter in 48 Sekunden. Die Menge war begeistert von seinen Chancen auf die Goldmedaille, bis der amerikanische Läufer Horatio Fitch mit dem Sieg in seinem Vorlauf in 47,8 Sekunden Imbach übertraf!

Das Finale war für Freitag, den 11. Juli, um 19 Uhr angesetzt. Nachdem zweimal ein neuer Rekord in den Vorläufen aufgestellt worden war, strömten die Zuschauer schon früh zusammen, um das Rennen zu sehen. Eric nahm um 16 Uhr eines der Taxis, die nicht von den Amerikanern besetzt waren. In seiner Tasche hatte er eine Notiz, die ihm auf sein Hotelzimmer geschickt worden war. Sie lautete folgendermaßen: »In dem alten Buch heißt es: ›Die, die mich ehren, werde ich ehren.‹[7] Ich wünsche Dir Erfolg in allen Dingen.« Unterzeichnet war der Brief vom

7 Vgl. 1. Samuel 2,30.

Masseur der britischen Mannschaft, und das bedeutete für Eric eine Menge. Wenn auch die meisten Leute nicht verstanden, warum er sich entschieden hatte, am Sonntag nicht zu laufen, einige verstanden es sehr wohl. Als Eric das Stadion betrat, griff er in seine Jackentasche und hielt den Brief fest. Was immer auch im 400-Meter-Finale passieren sollte, Eric wusste, dass er Gott zuerst geehrt hatte, und das war mehr wert als irgendeine olympische Medaille.

Fünfzehn Minuten vor Beginn schwirrten sechs Läufer an der Startlinie herum: Horatio Fitch und sein Teamkamerad Taylor aus den USA, Joseph Imbach aus der Schweiz, David Johnson aus Kanada und die beiden britischen Finalisten, Guy Butler und Eric Liddell. Wie gewöhnlich schüttelte Eric allen Teilnehmern die Hand und wünschte ihnen viel Erfolg. Die Zuschauer konnten nicht umhin zu bemerken, dass Eric mit 1,75 Meter Körpergröße der kleinste von den sechs Läufern war. Wieder wäre es für jeden, der sich mit dem Laufen etwas auskannte, klar gewesen, dass ein guter 400-Meter-Läufer groß sein musste. Eric mochte ein guter Sprinter sein, aber für diese Distanz waren längere Beine ein deutlicher Vorteil.

Einige Minuten vor dem Start zogen die Läufer die Nummern für die Bahn. Erics Herz sank, als er eine Karte zog, auf der die Nummer sechs stand. Das bedeutete, dass er die äußerste Bahn hatte. Er würde etwas vor den anderen loslaufen und diesen Vorteil stückweise verlieren, je mehr sich die Laufbahn krümmte. Es bedeutete, dass Eric keinen der anderen Läufer sehen konnte, bis sie ihn überholten. Die Laufbahn im Stadion von Colombes war länger als die meisten anderen. Da es insgesamt 500 Meter waren, würden die Läufer beim 400-Meter-Lauf nur um eine

Kurve der Laufbahn kommen, wobei sich das Ziel 100 Meter vor der Startlinie befand. Das machte das Laufen auf der äußersten Bahn ziemlich schwierig.

Eric nahm seine Kelle aus dem Lederbeutel, den er bei sich trug, setzte seine Füße dorthin, von wo er starten wollte, und markierte die Stelle mit seinen Zehen. Dann nahm er die Kelle und grub an den Markierungen zwei kleine Löcher. Er konnte das vertraute Pfeifen der Dudelsäcke hören. Als er umherblickte, sah er die Dudelsackpfeifer des Königs stolz neben der Innenbahn entlangmarschieren, während sie »The Campbells Are Coming« spielten, ein traditionelles schottisches Lied. Eric lächelte und winkte ihnen, als er seine Kelle wieder in den Lederbeutel steckte und ihn seinem Trainer gab. Er war der einzige Schotte im Rennen, und er wusste, dass die Bläser für ihn spielten.

Mit einem Mal verstummte die Dudelsackmusik, und die Läufer wurden auf ihre Plätze gerufen. Eric hockte sich an die Startlinie. Voll Bewunderung blickte er sich nach Guy Butler um, der wieder aus dem Stand startete. Während er auf das einzige Geräusch wartete, das nun zählte (nämlich der Knall der Startpistole), konnte Eric die Spannung in jedem Muskel seines Körpers fühlen.

Als die Pistole ertönte, sprang Eric vorwärts. Er warf seinen Kopf zurück und nahm seine eigentümliche Laufhaltung ein. Seine Füße schlugen auf die Aschenbahn, als er auf der Gegengeraden beschleunigte. In der Kurve der Laufbahn, wo die Läufer wieder zusammenkommen würden, rechnete er damit, Horatio Fitch und Joseph Imbach vor sich zu sehen. Schließlich hatten beide in ihren Vorläufen jeweils einen neuen Weltrekord aufgestellt. Weil sie nicht vor ihm waren, warf Eric den Kopf noch weiter zurück und befahl seinen Beinen, noch schneller zu laufen.

In weniger als einer Minute war alles vorbei, und Eric kam als Erster über die Ziellinie. Gegen alle Erwartungen hatte er gewonnen!

Eric stürzte in die Arme des britischen Trainers, völlig verausgabt. Es dauerte einige Minuten, bis er festgestellt hatte, dass er nicht nur gewonnen, sondern auch einen neuen Weltrekord von 47,6 Sekunden aufgestellt hatte. Er hatte den Rekord, den Horatio Fitch in seinem Vorlauf erzielt hatte, um zwei Zehntelsekunden unterboten. Horatio Fitch selbst kam jetzt als abgeschlagener Zweiter ins Ziel, und irgendwie hatte es Guy Butler geschafft, die anderen drei Läufer abzuwehren. Er wurde somit Dritter.

Nachdem er seine Kräfte wiedererlangt hatte, kletterte Eric auf das oberste Treppchen des Siegerpodests, wo ihm die Goldmedaille um den Hals gehängt wurde. Rechts von ihm stand Horatio Fitch, links von ihm Guy Butler. Über ihnen wehte im leichten Wind der Union Jack an der Spitze des Fahnenmasts. Darunter flatterten das Sternenbanner der Vereinigten Staaten und dann ein weiterer Union Jack. Nachdem auch die beiden anderen Läufer ihre Medaillen erhalten hatten, stimmte die Kapelle »God Save the King« an, die Nationalhymne von Großbritannien. Ein breites Lächeln ging über Erics Gesicht. Nun hatte Großbritannien eine weitere Goldmedaille – noch dazu eine, die niemand erwartet hatte. Die Menschenmenge um ihn herum applaudierte.

Nachdem alles vorbei war, schlich Eric sich leise davon und

ging zur Umkleidekabine. Rasch duschte er sich und wechselte seine Kleider. Er wollte so schnell wie möglich ins Hotel zurückkommen. Er hatte versprochen, am Sonntag noch einmal in der Scots Kirk zu sprechen, und brauchte noch Zeit für die Vorbereitung der Predigt.

Am nächsten Morgen, einem Samstag, hallte der Applaus, den man nach Erics Sieg in ganz Paris hatte hören können, in ganz Schottland wider. Die Zeitungen, die ihn wegen seiner Absage des 100-Meter-Sprints am Sonntag so kritisiert hatten, versuchten nun, sich gegenseitig mit Lobeshymnen auf Eric zu übertreffen. *The Scotsman* berichtete: »Zweifelsohne gibt es keinen Sieg, der populärer ist. Die Menge geriet in einen Rausch der Begeisterung.« Die *Evening News* (Edinburgh) schrieb: »Überall auf den Tribünen waren die Menschen aufgesprungen und klatschten wie verrückt, und wie von Geisterhand erschienen Unmengen von Union Jacks über den Köpfen der tobenden Menge, als Liddell das Zielband zerriss und in die Arme der Briten stürzte, die auf ihn warteten.« *The Bulletin*, eine andere schottische Zeitung, berichtete, Eric Liddells Sieg sei »die bisher großartigste Leistung der Olympischen Spiele«.

Eric war amüsiert, als er die Zeitungsberichte las. An einem Tag war er ein Feigling und Landesverräter; am anderen wurde er als Nationalheld freudig begrüßt.

Während er die restlichen Tage der Olympischen Spiele in Paris als Zuschauer erlebte, ging Eric ein Gedanke nie aus dem Sinn. Wie würden die Schotten reagieren, wenn sie herausfänden, dass ihr Spitzensportler dabei war, sich ein One-Way-Ticket nach China zu kaufen? Was würden die Zeitungen dann über ihn schreiben?

LOCAL HERO

Eric spähte aus dem Zugfenster. Der Zug erreichte Victoria Station (London). Bald würden sich die Mitglieder der britischen Olympiamannschaft von 1924 trennen, und jeder würde seine eigenen Wege gehen. Eric wollte nach Edinburgh zurückkehren, wo er am nächsten Samstag seinen Universitätsabschluss erhalten sollte. Während der Zug langsam in den Bahnhof einfuhr, rannten Menschen den Bahnsteig entlang von Waggon zu Waggon und schauten durch die Fenster.

»Er ist hier drin«, schrie ein Junge im Teenageralter und zeigte auf Eric.

Bald versammelte sich vor dem Waggon, in dem Eric saß, eine Menschentraube. Die Menge begann zu jubeln: »Wir wollen Eric. Wir wollen Eric.« Als Eric vorsichtig die Wagentür öffnete, erwartete ihn eine Flut von Beifallsrufen. Einige Männer ergriffen ihn und hoben ihn auf ihre Schultern. Die Menge geriet außer Rand und Band, klatschte und jubelte, während Eric über den Bahnsteig getragen wurde.

Schließlich beruhigte sich die Stimmung wieder, sodass Eric sich auf den Weg zu einem Freund machen konnte, wo er übernachten wollte. Am nächsten Tag brach Eric nach Edinburgh auf, was allerdings keine einfache Reise war. Überall erkannten ihn die Menschen; kleine Jungs schoben ihm Autogrammbücher zu, und alte Männer wollten seine Hand schütteln oder ihm auf den Rücken klopfen. Obwohl Eric von Natur aus schüchtern war, machte ihm die Aufmerksamkeit nicht so viel aus. Er hatte erkannt, dass er seine Medaillen für die Menschen auf den Britischen Inseln gewonnen hatte. Nun wollten ihn diese Menschen beglückwünschen. Trotzdem war er froh, als er endlich zu Hause in Edinburgh angekommen war.

1924 beendete Eric Liddell sein Studium der Naturwissenschaften mit dem Bachelor-Diplom der Universität Edinburgh.

Am darauffolgenden Samstag zog Eric seine schwarze Robe mit der weiten Kapuze an – bereit, seinen Bachelor-Abschluss in den Naturwissenschaften entgegenzunehmen. (Schottische

Absolventen tragen eine Kapuze, nicht einen viereckigen Hut wie in vielen anderen Ländern.) Eric nahm seinen Platz entsprechend der alphabetischen Reihenfolge in der ersten Reihe der McEwan-Halle ein, wo die Abschluss-Zeremonie stattfand. Er hörte genau zu, als Vizekanzler Sir Alfred Ewing in Vertretung des Rektors seine Rede vor den Universitätsabsolventen hielt. Dann wurden die Studenten nacheinander aufgerufen und erhielten ihre Diplome. Das Publikum applaudierte jedem Studenten. Schließlich kam man zu »L«. Als Erster war Lambert, G. H., an der Reihe, dann Lemont, F. M., und schließlich Liddell, E. H.

Als Eric aufstand, erhoben sich auch alle anderen in der McEwan-Halle. Die Menge jubelte und klatschte, während Eric auf die Bühne ging. Sir Alfred Ewing hob seine Hand, um die Menge zu beruhigen, aber niemand nahm davon Notiz. Die Menschen jubelten, klatschten und stampften einige Minuten lang mit den Füßen, bevor es wieder so leise war, dass der Vizekanzler eine kurze Ansprache halten konnte. Die Ansprache war jedoch kürzer, als er geplant hatte. Sir Alfred hatte gerade noch Zeit zu sagen: »Mr Liddell, Sie haben gezeigt, dass Sie gegen alle bestehen können, sogar vor Ihrem Prüfer«, als wieder Applaus ausbrach.

Eine volle Minute später beruhigte sich die Menge wieder, und Sir Alfred Ewing konnte fortfahren. Er erklärte, wie bei den Olympischen Spielen der Antike die Sieger mit Lorbeerkränzen gekrönt wurden. Während er sprach, griff er unter das Podium und zog einen Kranz hervor. »Ich konnte hier in Schottland zwar keine griechischen Lorbeerblätter bekommen, aber der Chefgärtner des Königlichen Botanischen Gartens teilte mir mit, dass diese hier sehr ähnlich sind.« Mit diesen Worten setzte er Eric den Lorbeerkranz auf. Dann trat der Griechischlehrer vor, der ebenfalls auf der Bühne stand, und las ein Gedicht vor, das er über Erics Sieg verfasst hatte. Das Gedicht war auf Altgriechisch, und Eric verstand kein Wort davon, aber es klang sehr beeindruckend! Schließlich bekam Eric sein Bachelor-Diplom in den Naturwissenschaften verliehen. Er lächelte ins Publikum, winkte und verließ die Bühne. Als er sich wieder gesetzt hatte, dauerte es noch eine Weile, bis der Applaus schließlich aufhörte und die Zeremonie weitergehen konnte. Nach der Zeremonie sollte ein Gottesdienst in der St. Giles' Cathedral in der High Street stattfinden. Eric hatte dort hingehen wollen wie jeder andere auch, aber dazu kam es nicht. Sobald Sir Alfred Ewing allen für ihr Kommen gedankt hatte, stürmten Erics Kommilitonen auf Eric zu. Bevor Eric wusste, was mit ihm geschah, wurde er auf einen Stuhl gehoben, an dem beiderseits Stangen befestigt waren, sodass seine Kommilitonen ihn in Schulterhöhe tragen konnten. Schon hob man den Stuhl über die Menge, und dann wurde Eric aus der McEwan-Halle hinaus- und über die Stufen hinuntergetragen – den ganzen Weg bis zur Kathedrale.

Eric trug immer noch seinen Lorbeerkranz, als ihn die Studenten schließlich vor den Stufen der Kathedrale hinunterließen. Mit einem Mal waren all die Versammelten, die ihn von der Universität bis hierhin begleitet hatten, ruhig. Eric erkannte, dass sie nun eine Ansprache von ihm erwarteten.

Für einen Moment musste er an seine Mitstreiter denken, die ihr Bestes für Großbritannien gegeben hatten, aber nicht als Sieger von den Olympischen Spielen in Paris zurückgekehrt waren. Während er darüber nachdachte, kam ihm ein Zitat in den Sinn, das er einmal irgendwo gelesen hatte. Er wiederholte das Zitat vor der Menge: »Sowohl im Staub der Niederlage als auch in den Lorbeeren des Siegs findet sich Ruhm, wenn jemand sein Bestes gegeben hat.« Dann sprach er eine Weile darüber, was die Worte bedeuteten, und erinnerte die Menge daran, dass sie alle sich erst dann zufriedengeben sollten, wenn sie bei einer Sache ihr Bestes gegeben hatten.

Während des Gottesdienstes in der Kathedrale saß Eric still da und hörte der Predigt zu. Er hatte gehofft, dass sich die Dinge nach dem Gottesdienst wieder beruhigt hätten, aber die übrigen Studenten hatten eine noch größere Überraschung für ihn. Als der Gottesdienst zu Ende war, wurde Eric durch das Kirchenschiff zum Hauptportal hinausgeführt. Er trat ins Sonnenlicht und sah eine Pferdekutsche warten.

Bevor Eric darüber nachdenken konnte, was geschah, fand er sich im Wagen neben Sir Alfred Ewing wieder. Die Kutsche rollte los und fuhr die Royal Mile und weiter die Princes Street, Edinburghs Hauptstraße, entlang. Den ganzen Weg entlang hatte sich eine riesige Menge zusammengefunden, um ihren Sporthelden – Schotte wie sie – zu ehren. Eric lächelte und winkte ihnen zu. Schließlich hielt die Kutsche vor dem Haus des Vizekanzlers der Universität, und Eric wurde zum Abendessen eingeladen.

Das war ein wunderbarer Tag gewesen, und Eric schrieb und erzählte seinen Eltern und Robert glücklich davon. Er wünschte, sie hätten es selbst sehen können. Da dies nicht der Fall war, schickte er ihnen einen Stapel mit Zeitungsausschnitten über seine Erfolge in Paris bei den Olympischen Spielen.

Die Feierlichkeiten hörten allerdings nicht mit diesem Tag auf. In der nächsten Woche fanden an jedem Tag Empfänge und Feiern für Eric statt. Als dann Eric meinte, er könne nicht mehr, war es für ihn an der Zeit, in einen Zug nach London zu steigen. Dort sollte er im Stadion an der Stamford Bridge für das Britische Weltreich an einem Wettkampf gegen die Vereinigten Staaten teilnehmen. Es war schon vor den Olympischen Spielen vereinbart worden, dass die amerikanische Mannschaft auf ihrem Heimweg für diesen Wettkampf in London Zwischenstation machen sollte. Während Eric im Zug nach London rumpelte, konnte er kaum glauben, dass seit dem Ende der Olympischen Spiele erst acht Tage vergangen waren. So viel war in dieser kurzen Zeit passiert.

Eric Liddell bei einem Staffellauf 1924.

Eric sollte der Schlussläufer in der britischen 4 x 400-Meter-Staffelmannschaft sein. Der Schlussläufer im amerikanischen Team war niemand anders als Horatio Fitch, den Eric im 400-Meter-Finale in Paris geschlagen hatte. Jedermann war gespannt, ob Eric Fitch noch einmal schlagen konnte. Die Menschen mussten nicht lange darauf warten.

Als die Läufer um die Kurve kamen, kurz bevor die Staffelstäbe den Schlussläufern übergeben wurden, sah es so aus, als ob die

Vereinigten Staaten die Staffel gewinnen würden. Als Eric nach hinten griff und den Stab von seinem britischen Mannschaftskollegen übernahm, lag er ganze sieben Meter hinter Horatio Fitch. Eric warf seinen Kopf zurück und schleuderte in seinem eigenartigen Laufstil seine Arme an der Seite vor und zurück. Während er das tat, wurde er immer schneller. In der ersten Kurve schloss Eric zu Horatio Fitch auf. Auf der Geraden zog er mit ihm gleich. In der zweiten Kurve schaffte es Horatio, Eric auf Distanz zu halten und vornzubleiben, allerdings nicht viel. Als sie jedoch auf die Zielgerade kamen und auf die Ziellinie zuhielten, hatte Horatio Fitch der erneuten Forcierung des Tempos durch Eric nichts mehr entgegenzusetzen. Eric begann einen unwiderstehlichen Sprint und überquerte die Ziellinie vier Meter vor Horatio Fitch. Die Menge tobte vor Begeisterung.

Im Stadion an der Stamford Bridge zusammen mit den anderen Mitgliedern der britischen Staffelmannschaft. Acht Tage nach seinem Olympia-Triumph sicherte Eric Liddell (rechts) mit einer starken Leistung seinem Team den Sieg über die US-Mannschaft (Siegerzeit: 3 Minuten).

Bis Eric nach Schottland zurückgekehrt war, hatte jeder von seinem letzten Sieg gehört. Mehr Menschen als je zuvor wollten Feiern zu seinen Ehren abhalten. Bis auf Weiteres war er Schottlands berühmtester Sportler.

Eine Woche nach seiner Ankunft in Edinburgh war Eric schon wieder bei einem Abendessen zu seinen Ehren eingeladen. Dieses Mal hatte er seinen alten Trainer Tom McKerchar gebeten, ihn zu begleiten. In seiner Ansprache erzählte Eric dem Publikum, wie sehr ihm Tom McKerchar geholfen und ihn ermutigt hatte. Damals war er als unerfahrener Athlet gerade von der Schulbank gekommen. Am Ende der Rede klatschte und jubelte die Menge. Tom McKerchar stand auf, verbeugte sich und setzte sich wieder. Jeder erwartete, dass Eric das ebenfalls tun würde. Als der Applaus aufhörte, stand Eric jedoch mit einem ernsten Gesichtsausdruck immer noch da. Das Publikum wurde leise. Hatte Eric Liddell noch etwas anderes zu sagen?

Eric räusperte sich und begann, leise zu sprechen. »Bevor ich mich wieder setze, möchte ich Ihnen allen noch etwas mitteilen. Es war eine wunderbare Erfahrung, an den Olympischen Spielen teilzunehmen und eine Goldmedaille nach Hause zu bringen. Aber seit ich ein kleiner Junge bin, habe ich meine Augen auf einen anderen Preis gerichtet. Wie Sie wissen, nimmt jeder von uns an einem wichtigeren Wettkampf teil als jenem, den ich in Paris bestritten habe, und dieser Wettlauf endet, wenn Gott die Medaillen überreicht. Ich wollte immer schon Missionar werden, und gerade habe ich erfahren, dass ich als Chemielehrer an der anglochinesischen Schule in Tianjin in China angenommen worden bin. Ab sofort werde ich meine ganze Energie für die Vorbereitung auf diese Position verwenden.«

Im Raum war es absolut still. Die Menschen starrten Eric mit offenem Mund an; die Bedeutung dessen, was Eric gerade gesagt hatte, drang langsam durch. Schottlands bedeutendster Athlet wollte das Laufen aufgeben, um nach China zu gehen! Innerhalb weniger Stunden sollten alle Zeitungen des Landes die erstaunliche Neuigkeit verbreiten.

Eric war froh, dass es endlich ausgesprochen war. Nun war seine Entscheidung bekannt, und er konnte sich mit seinen Reiseplänen beschäftigen, die auf China gerichtet waren. Er freute sich darauf, Chemie zu unterrichten und Trainer an der Schule zu sein, aber neben dem Unterricht und dem Training wollte er den Schülern in noch größerem Maße in geistlicher Hinsicht helfen. Um das besser tun zu können, wollte er sich gezielt darauf vorbereiten. Nach Abstimmung mit der anglochinesischen Schule in Tianjin wurde entschieden, dass Eric noch ein weiteres Jahr in Schottland bleiben sollte, um am Congregational College in Edinburgh Theologie zu studieren.

Selbstverständlich hielt das Studium Eric nicht davon ab, so emsig wie immer zu sein. Er schaffte es, während des Jahres einige christliche Vortragsreisen durchzuführen. Er bereiste England mehrere Male, und überall, wohin er kam, erschien eine große Menge, um ihn zu hören. Er reiste auch nach Deutschland, wo die britische Armee noch immer einen Teil des Rheinlands besetzt hielt, in das sie nach dem Ersten Weltkrieg entsprechend den Bestimmungen des Versailler Vertrages eingerückt war.

Über alles, was Eric tat, berichteten am nächsten Morgen die

Zeitungen, ob es nun ein Benefizlauf oder ein Rugbyspiel war, an dem er sich spaßeshalber beteiligte. Nichts schien zu banal, über (fast) alles wurde berichtet. Die Menschen in ganz Schottland wollten offenbar alles wissen, was Eric tat. Elsa McKechnie gehörte zu diesen Menschen. Elsa war ein 14-jähriges Mädchen, das alles, was Eric tat, mit großem Interesse verfolgte. Jeden Abend durchsuchte sie die Zeitungen, um etwas Neues über Eric zu erfahren. Sie besprach das alles dann mit ihren Freundinnen am George Watson's Ladies College in Edinburgh. Fast alle Mädchen an der Schule waren an Eric genauso interessiert wie Elsa. Er war schließlich ein Lokalmatador – und davon abgesehen auch ein sehr charmanter junger Mann.

Eines Tages hatte Elsa McKechnie eine Idee. Warum sollte sie nicht einen »Eric-Liddell-Fanklub« gründen? Sie besprach die Idee mit ihren Freundinnen in der Schule, und alle waren davon begeistert. Rasch stellte Elsa Regeln für den neuen Klub auf. Um Mitglied zu werden, musste man eine mündliche Prüfung über das Leben von Eric bestehen. Wenn man das geschafft hatte, durfte man eine Seite im Sammelalbum des Klubs gestalten, entweder mit einem Gedicht oder einigen Gedanken über Eric. Dafür erhielten die Mitglieder ein Foto von Eric, das sie an einem Ehrenplatz aufstellen sollten.

Elsa schrieb Eric einen Brief und erzählte ihm von dem Fanklub. Sie fragte ihn auch, ob er die Erlaubnis dazu geben würde, den Fanklub zum *offiziellen* »Eric-Liddell-Fanklub« zu ernennen. Sie lud ihn sogar zum Abendessen zu sich nach Hause ein. Sobald Eric den Brief erhalten hatte, schrieb er zurück. Er gab seine Erlaubnis zum einzigen offiziellen »Eric-Liddell-Fanklub« und nahm die Einladung zum Abendessen an.

Elsa war zu aufgeregt, um während des Abendessens viel zu sprechen, aber sie beobachtete Eric ganz genau und versuchte, sich jedes Wort zu merken, das Eric sagte. Das wollte sie den anderen Mitgliedern des Klubs bei einem Extratreffen mitteilen, das sie für den folgenden Tag angesetzt hatte. Nachdem Eric das Haus im Anschluss an das Essen verlassen hatte, goss Elsa den Rest des Tees aus Erics Tasse ab und trocknete die Teeblätter, die am Boden geblieben waren. Sie steckte sie in einen Umschlag, und die Teeblätter wurden eines ihrer wertvollsten Besitztümer. Solch einen großen Eindruck machte Eric auf die jungen Mädchen in Schottland!

Die Zeit verging jedoch sehr schnell. Bevor es Eric bemerkte, war sein Jahr am Congregational College schon wieder vorbei, und er begann, für China zu packen. Die Zeitungen zählten die Wochen bis zur Abreise am 13. Juli. Eine Zeitung druckte sogar eine Karikatur von Eric, die ihn als Läufer in schwarzen Hosen und mit dem Kragen eines Geistlichen zeigte! Viele Menschen verstanden, warum Eric wegging, und sie wollten ihn auf jede erdenkliche Weise ermutigen. Erics letzter offizieller Laufwettkampf waren die schottischen AAA-Meisterschaften[8] im Hampden Park (Glasgow). Als die Menschen hörten, dass sich Eric Liddell für die 100-, 220- und 440-Yard-Rennen qualifiziert hatte, kamen 12 000 Zuschauer, um ihm Beifall zu spenden. Eric begeisterte seine Fans, indem er alle drei Rennen gewann.

Erics Bewunderer kamen nicht nur, um ihn beim letzten Wettkampf zu erleben, bevor er Schottland verließ; viele

8 Anmerkung des Herausgebers: Im Englischen steht diese Abkürzung für »Meisterschaften des Verbandes des Leichtathletik-Amateure«.

Menschen kamen auch, um ihm in den Kirchen zuzuhören. Manchmal mussten etwa tausend Menschen abgewiesen werden, weil in der Kirche, wo er sprach, kein Platz mehr war. Als die Zeit für seine Abreise gekommen war, gab es kaum jemanden in ganz Schottland, der nicht wusste, wohin Eric ging und warum. Genau wie bei seiner Rückkehr von den Olympischen Spielen wurde eine endlose Reihe von Festessen und Banketten veranstaltet, um Eric zu verabschieden, der freundlicherweise an allen teilnahm.

Schließlich war Montag, der 13. Juli 1925, herangekommen. Um 17 Uhr nahm Eric seine Koffer und blickte sich ein letztes Mal in seinem Zimmer um. Seine Freunde wollten ihn zur Bahnstation Waverley im Stadtgebiet von Edinburgh bringen, hatten ihm aber keine genaueren Hinweise dazu gegeben. Als Eric die Tür öffnete und in den warmen Abend hinaustrat, blieb ihm der Mund vor Erstaunen offen. Vor ihm stand eine Kutsche, so ähnlich wie jene, die ihn vor einem Jahr von der St. Giles' Cathedral zum Haus des Vizekanzlers der Universität gebracht hatte. Dennoch gab es einen großen Unterschied. Statt dass die Kutsche wie damals von zwei Pferden gezogen wurde, hatten sich diesmal zwei Teams von Studenten und Freunden »vorgespannt«, die ihre Hände an die Deichsel gelegt hatten, um die Kutsche den ganzen Weg bis zur Bahnstation zu ziehen. So sollte Eric nach Waverley gelangen.

Unter Applaus und Pfiffen kletterte Eric in das Gefährt, und die Männer trabten los. Die Teams zogen die Kutsche die Hope Terrace hinauf, die Clerk Street entlang, dann durch die Nicholson Street, über die Brücke und weiter bis zur Bahnstation. Überall entlang der Strecke hatten sich Menschen versammelt, um sich von dem bislang berühmtesten und beliebtesten Sportler Schottlands zu verabschieden. Manche brachen sogar in Tränen aus, als Eric vorüberkam; andere winkten und pfiffen laut. Der Verkehr kam zum Stillstand, als die Menge nach vorne drängte, um einen letzten Blick auf ihren Helden zu werfen. Autofahrer hupten und schätzten sich glücklich, in einen Stau geraten zu sein, der dadurch entstanden war, weil die Menschen Eric Liddell ehren wollten.

Schließlich erreichten sie die Bahnstation, und für Eric begann eine qualvolle Reihe von Verabschiedungen. Niemand wusste, ob es je ein Wiedersehen geben würde, und weil so viele Menschen ihm die Hand schütteln und ihm alles Gute wünschen wollten, konnte er unmöglich zu jedem hindurchkommen.

Als der Zug in den Bahnhof einfuhr, fing die Menge an, geistliche Lieder zu singen, und Eric stimmte ein. Er sang weiter, während er einstieg und einen Platz fand. Er öffnete das Fenster und begann, allen zu winken. Während er seinen Freunden zum Abschied winkte und sich von seinem Leben in Edinburgh verabschiedete, wusste er, dass er auch etwas anderes hinter sich ließ: Von nun an würde er nicht mehr in einem Land leben, wo er ein Nationalheld war und an jeder Straßenecke erkannt wurde. Er war dabei, ein Fremder in einem fremden Land voller Unruhe zu werden.

EIN LAND VOLLER UNRUHE

Eric ließ sich auf seinem Platz nieder. London hieß sein nächstes Ziel. Während der Zug dahinratterte, begann Eric, seine Lektüre nachzuholen. Im Besonderen wollte er die Briefe noch einmal lesen, die ihm sein Vater geschickt hatte, um ihn auf das vorzubereiten, was ihn in Tianjin erwartete. Den Briefen fehlte der fröhliche Grundton, denn sie berichteten von den riesigen Problemen, denen sich China im Jahr 1925 gegenübersah.

Erics Vater erzählte davon, dass Kämpfe und Revolten in den vergangenen achtzehn Jahren das Land immer wieder heimgesucht hatten, seit Eric als Fünfjähriger China verlassen hatte. Im Jahr 1911 brach die Qing-Dynastie zusammen, die das Land seit 267 Jahren regiert hatte. Infolgedessen wurde die Republik China ausgerufen und eine neue Regierung eingesetzt. Aber diese neue Regierung war von Zerwürfnissen und Chaos geprägt. Wie schon in früheren Zeiten, in denen es keine starke chinesische Zentralregierung gab, begannen auch jetzt selbst ernannte lokale Machthaber, mithilfe ihrer Privatarmeen die Kontrolle über gewisse Gebiete auszuüben. Seit einigen Jahren lieferten sich diese lokalen Machthaber und Vertreter anderer politischer Fraktionen einen erbitterten Machtkampf um China.

Erics Vater hatte geschrieben, dass es grundsätzlich drei Gruppen gab, die in den Kampf verwickelt waren. Da gab es einerseits die selbst ernannten lokalen Machthaber, dann die Nationalisten oder die Kuomintang (wie deren Vertreter sich selbst nannten) und schließlich die Kommunisten, die sich an der Politik der Sowjetunion orientierten. Dort hatten die Bolschewiki die Macht an sich gerissen, indem sie das alte Russland in ein Sowjet-Imperium verwandelten. Die Kuomintang war die größte und stärkste Gruppe und fand in den Städten die meiste Unterstützung. Sie wurde als rechtmäßige Regierung anerkannt, obwohl sie längst nicht das ganze Land kontrollierte. Die Kommunisten waren eine kleine, aber wachsende Gruppe, deren Unterstützung aus den ländlichen Gebieten im Süden Chinas kam. Während diese rivalisierenden Gruppen um die Kontrolle in verschiedenen Regionen kämpften, war es in manchen Dörfern durchaus üblich, fünf- oder sechsmal im Jahr abwechselnd unter die Herrschaft von einem lokalen Machthaber, von Kommunisten und von Nationalisten zu geraten. Jedes Mal, wenn eine Armee vorbeikam, wurden die Dorfbewohner ausgeplündert und ihre Nahrungsmittelvorräte gestohlen. Wenn eine Armee durch die nähere Umgebung marschierte, stahlen die betreffenden Soldaten die Ernte und zertrampelten alles, was noch nicht reif war, um die Ernte nicht in die Hände der anderen Gruppen fallen zu lassen. Das hatte zu einer Hungersnot geführt.

Neben den Kämpfen selbst wirkte sich auch der ausländische Einfluss in verhängnisvoller Weise auf die Situation in China aus. Das chinesische Volk war von den Briten während des Ersten Opiumkrieges (1839–1842) gedemütigt worden. China hatte eine Reihe von Waren, die es Großbritannien als Handelsgüter anbot, aber die Chinesen akzeptierten nichts außer Silber als Gegenwert dafür. Als die Briten versuchten, den Chinesen anstelle von Silber bengalisches Opium als Bezahlung aufzuzwingen, lehnte der Kaiser ab. Er ließ alles Opium vernichten. Das wiederum machte die Briten zornig, und sie begannen einen Krieg gegen China. Die Briten gewannen mühelos, und China wurde am Ende des Krieges gezwungen, ein Abkommen zu unterzeichnen. Dieses Abkommen erlaubte den Briten nicht nur, bengalisches Opium nach China zu importieren, sondern öffnete auch eine Reihe von Küstenstädten, wo nun Ausländer leben und Handel treiben konnten. Der Vertrag führte dazu, dass sich das chinesische Volk schwach und machtlos fühlte und sehr zornig war.

Da China nun geschwächt war, sah sein Nachbar Japan eine gute Gelegenheit zu expandieren. Im Ersten Japanisch-Chinesischen Krieg (1894–1895) hatte China die Kontrolle über Taiwan sowie den Großteil seines Einflusses auf der koreanischen Halbinsel verloren.

1914, drei Jahre nach dem Zusammenbruch der Qing-Dynastie, begann in Europa der Erste Weltkrieg. China stellte sich schließlich auf die Seite der Alliierten (Großbritannien, Frankreich und Russland), die gegen Deutschland und die österreichisch-ungarische Monarchie kämpften. China hatte gehofft, am Ende des Krieges als Nation ernst genommen zu werden und einen gewissen Respekt zu ernten, nachdem sich das Land den Alliierten angeschlossen hatte. Dieser Plan ging allerdings nicht auf. Im Vertrag von Versailles, der den Krieg offiziell beendete, ignorierten die Alliierten Chinas Forderung völlig. Als Gegenleistung für die Beteiligung an den Kriegshandlungen sollten alle ausländischen Mächte das Land verlassen, und China sollte eine Selbstverwaltung zugestanden werden.

Das chinesische Volk war wütend über dieses Ergebnis. Es fühlte sich von den Alliierten betrogen. Das führte zu noch größerer Verbitterung gegen Ausländer als vor dem Krieg. Für die Chinesen galten Ausländer und das, was sie taten, als Symbole für Chinas Demütigung.

Das war also das China, wohin Eric nun als 23-Jähriger zurückkehren sollte. Die Briefe seines Vaters machten ihm deutlich, dass es nicht mehr wie in der Vergangenheit war, als er in frühen Kindheitsjahren viele chinesische Freunde hatte. In vielen chinesischen Häusern würde er nicht mehr willkommen sein, und manchmal könnte sogar sein Leben in Gefahr geraten. Trotz dieser Warnung war Eric entschlossen zu gehen. Er spürte, dass Gott ihn zum Dienst in China berufen hatte, und er war auf alles vorbereitet, was ihm dort passieren sollte.

Als Eric China seinerzeit verlassen hatte, konnte man nur mit dem Schiff nach England kommen, und auch die Wiedereinreise war nur auf diesem Weg möglich. Jetzt, im Jahr 1925, rollte die Transsibirische Eisenbahn durch Westrussland, über das Uralgebirge sowie durch Sibirien und endete schließlich in Wladiwostok an der Pazifikküste. In Ostsibirien zweigte eine Linie ab und führte südlich nach China. Man konnte also im niederländischen Den Haag in den Zug steigen und die ganze Strecke auf dem Landweg durch Europa und Asien hindurch nach Tianjin in China bewältigen. Das war die Route, die Eric wählte. Von London fuhr er mit dem Schiff in die Niederlande, wo er den Zug bestieg. Zwei Wochen später rollte der Zug durch China.

Eric fuhr jedoch nicht direkt nach Tianjin. Mit der Bahn erreichte er zunächst die Küstenstadt Beidaihe, wo Erics gesamte Familie auf ihn wartete. Seine Angehörigen verbrachten dort ihre Ferien und meinten, es wäre eine gute Idee, wenn Eric noch sechs Wochen bei ihnen bleiben könnte, bevor er nach Tianjin reiste, um sich auf das neue Schuljahr vorzubereiten.

Die Familie Liddell in Beidaihe (China) im Sommer 1925.

Es war später Nachmittag, als der Zug endlich in den Bahnhof von Beidaihe einfuhr. Eric kletterte auf den Bahnsteig und fiel in die Arme seiner Lieben, die ihn herzlich begrüßten. Er war begeistert, seine Eltern, Jenny, Ernest und auch Robert wiederzusehen, und er freute sich besonders, Roberts Ehefrau kennenzulernen.

Die Liddells blieben an diesem Abend lange wach, weil sie einander erzählen wollten, was sie erlebt hatten, während sie sich nicht gesehen hatten. Sie interessierte besonders, wie es gewesen war, als Eric an den Olympischen Spielen teilnahm und dort eine Goldmedaille gewann.

Es gab jedoch eine Sache, die James Liddell für den nächsten Morgen übrig ließ. Nach einigen Tassen heißen Tees am nächsten Morgen überbrachte er seinem Sohn die Nachricht, dass es im folgenden Schuljahr höchstwahrscheinlich keine Schüler in der anglochinesischen Schule geben würde. Alle 500 Schüler waren in den Streik getreten!

In Schanghai hatte alles begonnen, als eine Gruppe chinesischer Arbeiter in einer Baumwollfabrik, die Japanern gehörte, gefeuert wurde. Alle anderen chinesischen Arbeiter in der Fabrik waren in den Streik getreten, um ihre entlassenen Arbeitskollegen zu unterstützen. Studenten in Schanghai hatten beschlossen, eine Demonstration abzuhalten, um sich an der Seite der Arbeiter dem Kampf anzuschließen, aber diese Demonstration verwandelte sich in einen Albtraum. Angehörige der britischen Kolonialtruppen, die das britische Viertel (auch als »britische Konzession« bekannt) in Schanghai schützten, schossen auf die chinesischen Studenten und streikenden Arbeiter. Ein Demonstrant wurde dabei getötet.

Der Vorfall wurde als das »Massaker vom 30. Mai« bekannt, und die Nachricht verbreitete sich rasch in ganz China. Studenten und Arbeiter an der gesamten Ostküste Chinas traten in den Streik, wobei es auf der Hand lag, dass Tianjin mit seinem hohen Anteil an ausländischer Bevölkerung von einem solchen Streik besonders betroffen war. Die anglochinesische Schule war einer der ersten Orte in Tianjin, die sich leerten. Man hatte die Schüler dazu gebracht, dass sie sich schämten, auf eine Schule zu gehen, wo fünf der dreißig Lehrer aus England waren und die englische Sprache gelehrt wurde. Bald hörten sie auf, den Unterricht zu besuchen, und die Schule musste früher schließen, als es sonst üblich war.

In den nächsten Tagen traf Eric die meisten englischen

Lehrer seiner neuen Schule. Die Lehrer verbrachten alle ihre Ferien in Beidaihe. Die meisten Missionsgesellschaften schienen dort Ferienhäuser zu haben. Während gemeinsamer Picknicks und beim Tennis besprachen die Lehrer die Situation miteinander. Schließlich entschieden sie sich dafür, die Schule wie gewöhnlich im September zu öffnen und zu warten, ob einige ihrer chinesischen Schüler zurückkamen und sich für das neue Schuljahr anmeldeten.

Eric hatte fast alles Chinesisch vergessen, das er als kleiner Junge so gut gesprochen hatte, und machte sich nun in Beidaihe daran, die Sprache wieder zu lernen. Schon bald erinnerte er sich an immer mehr chinesische Wörter und Sätze.

Überraschenderweise kannte Eric auch fast alle Missionare, die in Beidaihe Ferien machten. Viele von ihnen waren in London gewesen und hatten ihre Söhne im Eltham College besucht. Andere hatten Eric in Edinburgh kennengelernt, als sie auf Heimaturlaub waren. Ja, es gab nur eine Familie, die er bisher noch nicht gesehen hatte – die MacKenzies aus Kanada, die zwei Töchter hatten, Florence und Margaret.

Nach sechs wunderbaren Wochen mit seiner Familie in Beidaihe bestieg Eric wieder den Zug, um auf der letzten Strecke seiner Reise nach Tianjin zu gelangen. Er musste sich für den Unterricht vorbereiten, falls sich doch einige Schüler entschlossen, an die Schule zurückzukehren. Der Rest der Familie außer seinem Vater blieb noch eine Weile in Beidaihe. James Liddell begleitete seinen Sohn nach Tianjin, um ihm Gesellschaft zu leisten.

Als Eric bei seiner Ankunft erstmals auf die Stadt blickte, in der er geboren war, saß er noch im Zug. In Tianjin herrschte ein reges Treiben. Jeder schien in Bewegung zu sein: Fahrräder, Rikschas, Straßenbahnen, Fußgänger und Autos drängelten sich auf den engen gepflasterten Straßen.

An der Bahnstation in Tianjin mietete James Liddell zwei Rikschas. Die Fahrer verstauten die Koffer ihrer Passagiere rasch auf der Rückseite der Rikschas und halfen Eric und seinem Vater in die Sitze. Auf ihrem Weg zum Haus ließ James Liddell die Fahrer einen Umweg über die Hafenanlagen machen.

Obwohl Tianjin ungefähr fünfzig Kilometer vom Gelben Meer entfernt am Fluss Hai He liegt, war der Hafen ausgedehnt und betriebsam. Von dort aus wurde Peking versorgt, das etwa hundertdreißig Kilometer weiter im Binnenland lag. Die Hafenanlagen faszinierten Eric. Sie schienen sich kilometerweit hinzuziehen, und alles Mögliche, was man sich vorstellen konnte, wurde aus den Lastkähnen ausgeladen, die den Fluss heraufgekommen waren.

Um die Hafenanlagen herum standen armselige Hütten, wo die Arbeiter wohnten. Eric hatte die überfüllten Armenviertel in London und Edinburgh mit ihren schlechten Wohnbedingungen gesehen, aber dieser Anblick übertraf alles bisher Bekannte. Man konnte die Behausungen kaum als Häuser beschreiben. Es waren vielmehr wacklige Bretterbuden, die so dicht aneinanderstanden, dass man kaum dazwischen durchgehen konnte.

Während die Rikschafahrer weiterfuhren, kamen sie an einem Polizeikontrollpunkt vorüber, und Erics Vater rief Eric zu, dass sie nun die französische Konzession erreicht hatten. Das bedeutete, dass französische Polizisten auf den Straßen patrouillierten und französisches Recht, nicht chinesisches, galt.

Als sie in das Gebiet der Konzession hineinkamen, wichen die Slums sofort schönen weißen Villen mit Swimmingpools und Tennisplätzen entlang von prächtigen, baumgesäumten Straßen. Aus irgendwelchen Gründen, an die sich 1925 niemand mehr erinnern konnte, lagen alle Gebäude, die von den Missionaren der Londoner Missionsgesellschaft benutzt wurden, in der französischen Konzession. Auf James Liddells Anweisung hielten die Fahrer in der London Mission Street Nr. 6.

Eric pfiff, als er von der Rikscha herunterkletterte. »Das ist wirklich ein tolles Haus, das du da hast, Vater«, kommentierte er, während er zu der dreistöckigen Villa aufsah.

»Wir wohnten in einem viel kleineren, bis die Londoner Missionsgesellschaft herausfand, dass du bei uns leben wirst. Dann drängten sie uns, in dieses Ungetüm zu ziehen«, sagte sein Vater mit seinem schweren schottischen Akzent. »Mit der Bewirtungsfreude deiner Mutter wird es sich aber in kürzester Zeit mit Menschen füllen.«

Eric lächelte. Er wusste, was sein Vater meinte. Seine Mutter lud immer Leute ein, zum Essen zu kommen oder auch für ein paar Tage bei ihnen zu bleiben. »Ja, das Haus wird gut genutzt werden, das ist sicher«, antwortete er, während er seinem Vater half, alle Koffer ins Haus zu tragen.

Das Haus war innen genauso eindrucksvoll wie außen. Im Erdgeschoss waren die Küche, das Esszimmer und Vaters Arbeitszimmer. Die Wohnbereiche befanden sich im ersten Stock, und alle Schlafzimmer und Bäder im zweiten. Es gab dort zwei leere Zimmer, von denen sich Eric eins aussuchen konnte, aber stattdessen kletterte er die Stufen weiter hinauf. Der gesamte oberste Stock bestand aus Bodenkammern, alle mit

Dachschräge. Alle Bodenkammern wurden zur Aufbewahrung genutzt. Eric schlenderte zum Dachfenster mit Blick auf den Tennisplatz hinter dem Haus. »Das würde mir gefallen«, sagte er und betrachtete die Kartons, die in einen anderen Raum gebracht werden mussten.

Es dauerte nicht lange, bis Eric die Kartons verstaut und seine Habseligkeiten in das neue Zimmer gebracht hatte. Der Großteil seiner Koffer war gefüllt mit Büchern über christliche oder wissenschaftliche Themen.

Eric war neugierig, die anglochinesische Schule zu sehen. Als Erstes machte er sich am nächsten Morgen auf den Weg zur Schule. Er stand außerhalb der Tore und schaute auf das riesige graue Steingebäude. Ihm war erzählt worden, dass man die Schule »Eton von China« nannte, nach der berühmten Privatschule in England. Den Grund dafür konnte Eric schnell erkennen: Die Schule sah genau wie eine englische Schule aus, befand sich aber mitten in einer chinesischen Stadt. Eric schwang das eiserne Tor auf und ging den gepflasterten Weg hinauf zu einer breiten Steintreppe, die an beiden Seiten mit Pflanzkübeln flankiert war. Er stieg die Stufen hinauf und klingelte an der Tür. Sofort wurde sie von einer chinesischen Frau geöffnet, die perfekt Englisch sprach. Eric stellte sich vor und fragte, ob noch jemand vom übrigen Lehrpersonal da wäre. Die chinesische Frau forderte ihn auf zu warten. Einige Momente später kam der Schulleiter zur Tür. »Dr. Lavington Hart. Kommen Sie herein«, sagte er mit dröhnender Stimme und streckte Eric die Hand entgegen.

»Eric Liddell, Sir. Erfreut, Sie kennenzulernen«, antwortete Eric, während die beiden Männer sich die Hände schüttelten.

»Was halten Sie von einer Führung durchs Gelände?«, fragte Dr. Hart. »Ich denke, Sie werden sehen wollen, wozu Sie sich angemeldet haben.« Er lachte, als er Eric auf die Schulter klopfte und ihn mit einem Wink aufforderte, ihn nach draußen zu begleiten.

Dr. Hart zeigte Eric als Erstes die Sportanlagen. Auf dem Weg dorthin erzählte er, wie die Schule vor 23 Jahren entstanden war.

»Als ich nach China kam«, sagte er, »konzentrierten sich alle Missionare darauf, die ärmsten Menschen mit dem Evangelium zu erreichen. Das ist natürlich wunderbar, aber niemand schien an die reichen Leute zu denken – die Politiker, Rechtsanwälte, Ärzte und Universitätsprofessoren. Niemand gab ihnen die Botschaft des Evangeliums weiter. Ich begann zu überlegen, dass es genau diese reichen und einflussreichen Leute sein werden, die China in der Zukunft führen werden. Ich begann, mich zu fragen, was geschehen würde, wenn einige dieser zukünftigen Führungspersönlichkeiten Christen wären. Also gründete ich eine Schule für die Söhne der reichen und einflussreichen Chinesen. Viele der Jungen, die die Schule besuchten, wurden Christen und gingen dann an Universitäten in China und im Ausland und gelangten in wichtige Positionen in ganz China.«

Eric nickte. »Ja«, sagte er, »ich erinnere mich, dass einige von ihnen zu Vorträgen zu uns kamen, als ich am Eltham College in London war.«

»Dann kennen Sie die Qualität der jungen Männer, die wir hier ausbilden. Und Sport ist ein wichtiger Bestandteil davon«, sagte Dr. Hart mit einer schwungvollen Bewegung, als sie um die Ecke auf die Rückseite der Gebäude gelangten und die

Sportanlagen erreichten. »In der Tat«, fuhr er fort, »waren wir die erste Schule in Nordchina, die mit Sportunterricht anfing. Sie hätten in den ersten Jahren hier sein sollen, als wir versuchten, das alles aufzubauen. Im Rückblick klingt es recht lustig, aber zur damaligen Zeit war es sehr schwierig.«

»Warum denn?«, fragte Eric, weil er sich für alles interessierte, was mit Sport zu tun hatte.

»Also, die Chinesen haben kaum Ahnung davon, wie man Mannschaftssport treibt«, erklärte Dr. Hart, »und somit überhaupt keinen Sportsgeist. Wenn eine Mannschaft wusste, dass sie keine Chance hat, gegen das andere Team zu gewinnen, lehnte sie es ab, überhaupt zu spielen. Wenn ein paar Tropfen Regen fielen, liefen die Jungen davon, um sich vor dem Regen zu schützen, als wäre es eine Katastrophe, wenn sie ein wenig nass wurden. Oder wenn einem Spieler unabsichtlich wehgetan wurde, nahm das seine gesamte Mannschaft persönlich und verließ das Spielfeld. Die Schiedsrichter hatten die schreckliche Aufgabe, beide Seiten dazu zu bringen, die Regeln einzuhalten, und um dem Ganzen noch die Krone aufzusetzen, wollten die Jungen keine Sportkleidung tragen.«

»Was hatten sie stattdessen an?«, fragte Eric.

»Das, was sie eben immer trugen, ihre blauen Gewänder. Die Gewänder reichten bis zum Boden, und die Jungen stolperten ständig darüber.«

»Ziehen sie sich immer noch so an?«, fragte Eric.

»Unglücklicherweise, ja«, antwortete Dr. Hart. »Wir haben noch einen weiten Weg vor uns, wenn es um den Sport geht.«

Eric nickte. Dr. Lavington Hart erinnerte ihn sehr an seinen alten Schulleiter am Eltham College. Für beide hatte die Art und Weise, wie jemand Sport trieb, viel damit zu tun, wie er das »Spiel des Lebens« meisterte.

Dann zeigte Dr. Hart Eric das Klassenzimmer, in dem er unterrichten sollte. Dort erhielt Eric eine gute und eine schlechte Nachricht. Die gute war, dass er seinen gesamten Unterricht auf Englisch halten konnte, obwohl alle seine Schüler Chinesen waren. Die schlechte war, dass er neben Chemie auch einige Englischstunden halten musste. Englisch war das Fach, das Eric am wenigsten mochte, und der Gedanke, dass er chinesischen Schülern auch englische Grammatik und Shakespeares Stücke beibringen sollte, begeisterte ihn nicht gerade. Er dachte jedoch daran, dass er sich nicht zu viele Sorgen darüber machen sollte. Schließlich war es nicht einmal sicher, ob er überhaupt Schüler zu unterrichten hatte, wenn das neue Schuljahr begann. Es wurde immer noch heftig gestreikt. Eric musste also warten und sehen, wie es weiterging.

DER FLIEGENDE SCHOTTE

Die restlichen Sommerferien vergingen, und bald sollte das neue Schuljahr beginnen. Als der erste Schultag näher kam, war sich Eric völlig unsicher, ob er der Wirklichkeit seiner neuen Aufgaben gewachsen war. Er hatte es immer genossen, mit Kindern zusammen zu sein, mit Kindergruppen in Schulversammlungen zu sprechen, samstagnachmittags mit den Jungen aus der Nachbarschaft Rugby zu spielen und sogar mit der Gründerin seines Fanklubs Tee zu trinken. Aber Lehrer zu sein, war eine ganz andere Sache. Eric begann, sich zu fragen, ob er überhaupt imstande war, eine Klasse voller Jungen zu bändigen. Er wusste, dass die Eltern dieser Jungen ihre Söhne deshalb in die anglochinesische Schule schickten, damit sie die beste Erziehung erhalten sollten, die man in China bekommen konnte. Konnte er das leisten? Er hoffte es.

Am Morgen des ersten Schultags kam Eric schon vor den anderen Lehrern an und musste draußen warten, bis die Tore aufgeschlossen wurden. Während er wartete, kamen auch die übrigen Lehrer. Als sie schließlich in das Gebäude gelassen wurden, wartete Eric nervös mit den anderen Lehrern, ob einige Schüler den Streik ignorierten und sich für das neue Schuljahr anmeldeten. Langsam trudelten einige Jungen ein. Einige kamen zu Fuß zur Schule, aber die meisten hatten einen Chauffeur: Da fuhren Autos der Marken Cadillac, Rolls-Royce und Daimler vor. Alle Jungen trugen die gleiche Uniform, ein marineblaues chinesisches Gewand, das rundherum bis zum Boden reichte. Eric lächelte bei dem Gedanken daran, wie die Jungen in dieser Kleidung wohl Tennis oder Fußball spielten. Um 9 Uhr hatten sich schließlich hundertfünfzig Schüler angemeldet. Obwohl das relativ wenige im Vergleich zu den vierhundert Jungen waren, die sonst kamen, läutete Dr. Hart die Glocke, und die Lehrer sowie Schüler gingen zur Andacht in die Kapelle.

Das alles erinnerte Eric sehr an seine Zeit am Eltham College. Die Lehrer saßen in den vorderen Reihen, während die Jungen ihrer Klassenstufe entsprechend dahinter saßen. Zuerst sangen sie zwei Lieder, dann hielt Dr. Hart eine kurze Andacht aus der Bibel. Für viele der neuen Jungen war es das erste Mal, dass sie überhaupt etwas vom christlichen Glauben erfuhren. Die Kinder hörten höflich zu. Der Andacht folgten zwei weitere Lieder, dann war die Zusammenkunft vorbei.

Danach wurde Eric einer Gruppe von zwanzig Jungen vorgestellt, für die er der »Hausvater« sein würde. Das bedeutete, dass er der Lehrer war, zu dem sie kommen konnten, wenn sie Probleme in oder außerhalb der Schule hatten. Für die nächsten vier Jahre ihres Schulbesuchs würde die gleiche Gruppe bei ihm bleiben.

In den nächsten Wochen kehrten die meisten der anderen streikenden Schüler an die Schule zurück, und die Dinge »normalisierten« sich wieder. Mit der Rückkehr aller anderen Schüler wuchs die Gruppe der Jungen, für die Eric Hausvater war, von zwanzig auf achtunddreißig an.

Eric merkte schon bald, dass seine Ängste bezüglich des Unterrichtens unbegründet waren. Es war einfach für ihn, die Klassen zu leiten und zu unterrichten. Tatsächlich freute er sich auf jeden Tag in der Schule. Schnell wurde er auch der beliebteste Redner bei der morgendlichen Andacht in der Kapelle. Viele seiner Beiträge, die er bei diesen Zusammenkünften gab, handelten von Dingen, die die Jungen jeden Tag in der Schule taten oder sahen.

Wie schon in Schottland hatte Eric die Gabe, seine Andachten einfach und trotzdem interessant zu gestalten. Eines Tages erklärte Eric zum Beispiel die Ursprünge des englischen Wortes *sincere* (aufrichtig, ehrlich). Er erzählte den Jungen, dass es aus zwei lateinischen Worten bestand: »Sine« bedeutet »ohne«, und »cera« bedeutet »Wachs«.[9] Wenn in der Vergangenheit ein Bildhauer eine Statue geschaffen hatte, signierte er sie auf dem Boden und fügte die Wendung »sine cera« hinzu. Dadurch garantierte er, dass er bei seiner Skulptur keine Fehler gemacht hatte, die mit Wachs abgedeckt werden mussten, um sie zu verbergen. Eric machte den Jungen deutlich, dass ein christliches Leben bedeutet, Charakterschwächen und Fehler nicht zuzudecken, sondern ein aufrichtiges Leben zu führen. Diese Botschaft muss zumindest auf einen Schüler Eindruck gemacht haben, denn Jahre später, als Eric in Schottland auf Heimaturlaub war, schrieb ihm einer seiner früheren Schüler einen Brief, der folgendermaßen endete: »In herzlicher Verbundenheit und ohne Wachs, Ihr …«

Eric begann für die Jungen, für die er Hausvater war, ein wöchentliches Bibelstudium nach der Schule anzubieten. Anstatt sie in der Schule zu treffen, lud er alle Jungen zu sich nach Hause ein, damit sie seine Familie kennenlernten und die Leckereien genießen konnten, die seine Mutter für sie zubereitete. Obwohl nur drei Kinder seiner Gruppe aus christlichem Elternhaus waren, meldeten sich siebzehn für die Bibelstudiengruppe

9 Anmerkung des Herausgebers: Laut Internet und diversen Standardwerken der englischen Sprache ist diese Worterklärung zwar weitverbreitet, aber nicht unbedingt zwingend.

an. (Manche wohnten zu weit weg, um die Gruppe nach der Schule besuchen zu können.)

Dieses Bibelstudium fand in der Bodenkammer neben Erics Schlafzimmer statt, wo alle Beteiligten die nötige Ruhe hatten. Dort begannen viele Jungen, ernsthafte Fragen über den christlichen Glauben zu stellen. Als sich schließlich in der Schule herumsprach, dass Eric eine olympische Goldmedaille gewonnen hatte, stellten die Jungen noch mehr Fragen. Warum kam jemand, der zu Hause so sehr »geehrt« worden war, in ein fremdes Land, um dort Chemie zu unterrichten?

Nach einem mehrmonatigen Bibelstudium kamen einige Jungen zu Eric und wollten getauft werden. Nachdem Eric sich vergewissert hatte, dass sie wussten, was sie taten, besuchte er ihre Eltern, um die Situation zu erklären. Eric hatte erwartet, dass sie wütend waren, weil ihre Söhne Christen werden wollten. Stattdessen überraschte ihn ihre Reaktion. Bei allen hörte er die gleiche Antwort. Die Eltern berichteten, dass ihre Söhne so viel fröhlicher waren und sich besser benahmen, seit sie das Bibelstudium besuchten. Daher wollten sie, dass sie Christen wurden. Daraufhin arrangierte Eric mit einer örtlichen Gemeinde einen Taufgottesdienst.

Während Erics Bibelstudiengruppe sehr gut vorankam, war bei seiner Sportgruppe in der Schule das Gegenteil der Fall. Ja, Eric war sehr entmutigt, was den Sportunterricht mit den Jungen betraf. Eines Tages verkündete er, dass er ihnen im Sportunterricht das Rugbyspiel beibringen wollte. Das wurde jedoch zum Desaster. Eric hatte seine gewöhnliche Sportkleidung angezogen, kurze weiße Hosen und ein T-Shirt. Als er dann aufs Spielfeld kam, brachen alle Jungen in Gelächter aus, weil sie nie zuvor die Knie eines weißen Mannes gesehen hatten! Eric stöhnte. Es schien so albern, einer Gruppe von Jungen Rugby beizubringen, die alle lange Gewänder trugen, aber er hatte keine Wahl.

Schon von Beginn an gab es Schwierigkeiten. Die Jungen beklagten sich bitterlich, und insgeheim gab Eric ihnen recht. Das Feld, auf dem sie spielten, war ungeschützt, und der Wind pfiff darüber hinweg, sodass der feine Bodensand aufgewirbelt wurde und in Augen und Mund drang. Wenn der Wind wehte, war jeder sofort vom Kopf bis Fuß mit grauem Staub bedeckt. Und es war nicht nur windig, sondern auch entweder zu heiß oder zu kalt, um spielen zu können. In Tianjin liegen die Temperaturunterschiede zwischen Sommer und Winter teilweise bei über 40 Grad Celsius. Sogar Eric fand es manchmal zu kalt, um draußen zu sein.

Die Spielelemente beim Rugby (wie das Tiefhalten und Umklammern sowie das Angeordnete Gedränge und das Offene Gedränge) konnten mit den langen Gewändern fast nicht ausgeführt werden. Die Jungen traten sich ständig selbst oder gegenseitig auf die Gewänder. Beim Gedränge hielten sie ihre Mitspieler fest und ließen sie nicht los. Das Gewand riss, und ein beschämter Junge verließ hastig das Spielfeld. Er schwor sich, nie wieder Rugby zu spielen.

Endlich, nach über einem Jahr, konnte Eric sie davon überzeugen, es ihm gleichzutun und weite kurze Hosen und ein Hemd zu tragen. Aber auch das führte zu Problemen. Nun hatten die Jungen kein langes Gewand mehr zwischen ihrem Körper und dem harten Boden, wenn sie gedrängt wurden oder hinfielen. Es gab eine Menge aufgeschürfter Knie und Ellbogen, und die Jungen konnten keinen Sinn darin erkennen, solche Härten zu ertragen, nur um einen Ball von einem Ende des Spielfelds zum anderen zu bringen. Aber Eric gab seine Schüler – oder den Sport – nicht auf. Wie Dr. Hart war er davon überzeugt, dass die Jungen beim Sport viel über das Leben lernen konnten. Trotzdem wünschte er sich, dass es noch ein paar andere Leute gäbe, die seine Begeisterung für sportliche Betätigung teilten.

Glücklicherweise war Tianjin eine sehr internationale Stadt. Nach den Opiumkriegen hatten viele Staaten ihre Einflusssphären in China beansprucht. Diese Gebiete wurden Konzessionen genannt. Eric wohnte in der französischen Konzession, aber es gab auch noch etliche andere in der Stadt. Insgesamt befanden sich in Tianjin dreißig Konzessionen unterschiedlicher, zumeist europäischer Staaten. Jede Konzession wurde von Truppen des betreffenden Landes bewacht, und innerhalb der Grenzen galten die Gebräuche und Gesetze des jeweiligen Landes. Die Konzessionen lagen im Südosten des alten chinesischen Gebiets von Tianjin, und die Chinesen durften sie nur mit Einladung und gültigem Ausweis betreten.

Aufgrund der Konzessionen war Tianjin ein faszinierender Ort. Die britischen, französischen und japanischen Konzessionen lagen am rechten Ufer des Flusses Hai He, während sich gegenüber am anderen Ufer die russischen, belgischen und italienischen Konzessionen befanden. Die Gebäude der einzelnen Konzessionen waren im Baustil des jeweiligen Landes errichtet. In Tianjin konnte man die Victoria Park Road entlanggehen und sich wie in England fühlen, in der Rue du Baron

Gros wie in Frankreich oder in der Via Vittorio Emanuele wie in Italien.

Erfreulicherweise trafen sich die Militärangehörigen, die die Konzession des jeweiligen Landes bewachten, gern mit den Kameraden der anderen Länder zu sportlichen Veranstaltungen. Eric schloss sich der britischen Rugbymannschaft an und wurde rasch der schnellste Flügelspieler, der jemals auf chinesischem Boden Rugby gespielt hat. Das Rugbyspiel verschaffte Eric wieder eine tiefe persönliche Befriedigung.

Was seine Schüler betraf, meinte Eric, dass sie den Sport mehr genießen könnten, wenn sie ein besseres Spielfeld hätten. Er erkundigte sich, ob es irgendwo sonst in Tianjin ein Stadion gab (vielleicht an einer der drei Universitäten oder an einer anderen Schule), in das er mit seinen Jungen gehen konnte. Aber es gab keins. Nachdem er die Situation mit Dr. Hart besprochen hatte, bekam Eric die Erlaubnis, den Bau eines neuen Stadions zu organisieren. Er gründete sogleich eine Arbeitsgemeinschaft und fand einen großen Streifen ungenutzten Landes nahe am Fluss. Daraufhin begann er, Pläne anzufertigen. Er hatte das Stadion an der Londoner Stamford Bridge immer sehr gemocht, deshalb benutzte er dieses als Vorlage. Als das Stadion fertiggestellt war, war es bei Weitem das beste Sportstadion in Nordchina und wahrscheinlich auch in ganz Asien. Eric war stolz darauf und wollte unbedingt als einer der Ersten darin einen Wettkampf bestreiten.

1927 wurden als erste Veranstaltung im neuen Stadion internationale Sportwettkämpfe ausgetragen, die im Jahresrhythmus stattfanden. Eric nahm daran teil, und zum ersten Mal in seinem Leben war seine ganze Familie bei einem

Wettkampf dabei. Sein Bruder Robert kam mit dem Motorrad die weite Strecke von seiner recht weit entfernten Missionsstation nach Tianjin, um Eric laufen zu sehen.

Am Wettkampftag war es heiß, fast so wie vor drei Jahren in Paris, als er die Goldmedaille gewonnen hatte. Neben seiner Familie waren viele von Erics Freunden und Studienkollegen gekommen, um ihm zuzusehen – dazu noch Reporter und Fotografen von allen sieben wichtigen Tageszeitungen, die damals in Tianjin erschienen. Die Fotografen warteten alle auf eine Gelegenheit, während des Wettkampfs ein besonderes Foto von Eric zu schießen, das dann am nächsten Tag auf die Titelseiten der Zeitungen kommen sollte. Ein Fotograf war sogar so eifrig, dass er nach Beginn des Rennens auf die Laufbahn sprang, um die Läufer auf der Zielgeraden zu fotografieren. Die Zuschauermenge ahnte schon, was passieren würde, nicht aber der Fotograf – oder Eric. Eric lag in Führung, und mit zurückgeworfenem Kopf, seinem ungewöhnlichen Laufstil entsprechend, hatte er keine Chance, den Fotografen vor sich zu bemerken. Indessen hatte der Fotograf keine Ahnung, wie schnell Eric lief. Während der Fotograf seine Linse für den »perfekten« Schnappschuss einstellte, geschah es. Peng! Eric rannte direkt in ihn hinein. Der Fotograf flog in eine Richtung, sein Stativ samt Kamera in die andere.

Nach dem Zusammenstoß lag Eric der Länge nach bewusstlos auf der Laufbahn. Robert sprang von seinem Sitzplatz auf, um seinem Bruder zu helfen. Schließlich kam Eric wieder zu sich und taumelte von der Bahn. Dabei grinste er und winkte dem Fotografen. Eric hatte ihm bereits verziehen, dass er ihm bei seinem ersten Sieg im neuen Stadion solche Unannehmlichkeiten bereitet hatte.

1928 wurde ein weiterer Leichtathletikwettbewerb ausgetragen, unmittelbar nach den Olympischen Spielen in Amsterdam (Niederlande). Obwohl Eric immer noch schnell wie der Wind laufen konnte, war er nicht eingeladen worden, für die britische Mannschaft bei diesen Spielen anzutreten. Er hatte nie richtig verstanden, warum er nicht eingeladen war, aber er nahm an, dass die meisten Leute meinten, er wäre nicht mehr am Laufen interessiert, seit er sich in China aufhielt.

Was auch immer der Grund war, Eric nutzte seine Teilnahme an den Südmandschurischen Spielen von 1928, um zu zeigen, dass er immer noch ein Weltklasseathlet war. Er lief das 200-Meter-Rennen in 21,8 Sekunden und die 400 Meter in 47,8 Sekunden. Beide Zeiten hätten zum jeweiligen Goldmedaillengewinn bei den Olympischen Spielen in Amsterdam gereicht. Eines der denkwürdigsten Rennen in Erics Leben fand allerdings erst nach dem Ende der offiziellen Läufe statt.

Eric hatte nur dreißig Minuten Zeit zwischen dem Ende des 400-Meter-Laufs und der Abfahrt des Schiffes, das ihn von der Mandschurei nach Tianjin zurückbringen sollte. Er hatte einen Plan. Fünfzehn Minuten vor dem Start des Laufs bestellte er ein Taxi und verstaute seine Sachen darin. Dann bat er den Taxifahrer, in der Nähe der Ziellinie zu warten, sodass er nach Beendigung des Rennens direkt zum Taxi weiterlaufen und zum Hafen fahren konnte, von wo aus das Schiff ablegte. Wenn alles gut ging, konnte Eric es schaffen.

Eric gewann das Rennen mit Leichtigkeit, aber eine Sache hatte er nicht bedacht. Sobald er die Ziellinie passiert hatte, begann eine Kapelle, zu seinen Ehren »God Save the King« zu spielen. Selbstverständlich hatte er keine Wahl, als plötzlich innezuhalten und in strammer Haltung zu stehen, während die britische Nationalhymne gespielt wurde. Sobald die letzten Töne der Kapelle verklungen waren, sprintete Eric in Richtung Taxi los. Er hatte es fast erreicht, als er hörte, dass die Musiker wieder zu spielen begannen. Diesmal war es die französische Nationalhymne, die »Marseillaise«. Ein Franzose war Zweiter geworden und wurde nun geehrt. Eric stand wieder still. Es wäre sehr unhöflich gewesen, wenn er sich anders verhalten hätte. Er stand nur wenige Meter vom Taxi entfernt und wünschte, die Kapelle würde schneller spielen, aber die Sekunden zogen sich in die Länge.

Schließlich schaffte es Eric bis zum Taxi, das sich so schnell wie möglich durch die Menge zu schlängeln begann und zum Hafen steuerte. Als das Taxi endlich mit kreischenden Bremsen am Hafen zum Stehen gekommen war, sank Eric der Mut. Das Schiff hatte bereits abgelegt und war schon gut fünf Meter vom Pier entfernt.

Eric kletterte trotzdem aus dem Taxi und lief zum Ende des Docks, da er hoffte, der Kapitän würde ihn sehen und das Schiff zurücksteuern. Aber niemand auf dem Schiff bemerkte ihn. Plötzlich schob jedoch eine große Welle das Schiff wieder ein ganzes Stück näher zum Pier. Eric sah seine Chance. Er schleuderte sein Gepäck auf das Schiff; dann nahm er Anlauf und sprang. Er segelte durch die Luft und landete flach auf seinem Rücken an Deck des Schiffes. Verwunderte Passagiere versammelten sich um ihn und wollten wissen, wer er sei und ob alles in Ordnung wäre. Ein Zeitungsreporter, der Erics Sprung beobachtet hatte, eilte davon, um darüber einen Bericht zu schreiben. Am nächsten Morgen stand in den Schlagzeilen:

»Der fliegende Schotte springt fünf Meter weit«. Eric Liddell hatte nun einen neuen Spitznamen (»der fliegende Schotte«), der ihm für den Rest seines Lebens anhängen sollte.

Der Bericht unter der Schlagzeile fuhr mit den Rennen fort, die Eric bei den Südmandschurischen Spielen gewonnen hatte. Es war offensichtlich, so betonte das Blatt, dass es dem weltbesten 400-Meter-Läufer nicht darum ging, in Amsterdam die Goldmedaille zu gewinnen. Vielmehr sei er in Tianjin gewesen, um mit chinesischen Jungen zu arbeiten.

ES GAB NUR EIN EINZIGES PROBLEM

»Es sieht so aus, als würden wir Liddells uns die ganze Zeit voneinander verabschieden«, sagte Eric grimmig zu seinem Bruder.

Robert nickte. »Es sieht tatsächlich so aus. Doch Vater hat sehr hart gearbeitet, und ich war über seinen Gesundheitszustand in letzter Zeit etwas besorgt. Es ist sicherlich gut, dass die Eltern für zwei Jahre auf Heimaturlaub gehen.«

Eric lächelte. Er versuchte, das ebenfalls für eine gute Sache zu halten, aber für ihn war es schwieriger als für Robert. Robert hatte nun eine eigene Familie – eine Frau und ein kleines Mädchen. Eric dagegen lebte immer noch bei seinen Eltern und genoss das Zusammensein mit ihnen und seinen jüngeren Geschwistern. Er würde es vermissen, wenn sie nicht mehr da wären und er vorerst nicht mehr mit ihnen reden könnte. Während der ganzen Schulzeit in England hatte er nie das Gefühl, dass er seine Angehörigen richtig kannte. Er hatte begonnen, sie besser kennenzulernen, als sie gemeinsam in Edinburgh lebten. Aber seit er in China war, hatte er seine Familienangehörigen auf eine ganz andere Weise und viel umfassender kennengelernt. Infolgedessen war es für ihn umso schwerer, sich von ihnen zu verabschieden.

Eric und Robert standen am Hafenbecken und sahen zu, wie ihre Eltern mit Jenny und Ernest die Landungsbrückc hinaufkletterten und das deutsche Linienschiff *Saarbracken* betraten. Sie winkten wild, als sich das Schiff von der Hafenmauer entfernte. Während die *Saarbracken* Kurs auf das Gelbe Meer nahm und am Horizont verschwand, klammerte sich Eric an dem einzigen Gedanken fest, der ihn im Moment glücklich machen konnte: In einem weiteren Jahr würde auch er für ein Jahr nach

Schottland reisen, um Heimaturlaub zu nehmen. Dann konnte er bei seinen Eltern in Edinburgh bleiben.

Da beinahe Erics ganze Familie in Schottland war, musste Eric aus der London Mission Street Nr. 6 ausziehen, wo seine Familie die vergangenen vier Jahre gewohnt hatte. Er zog in eine 4-Zimmer-Wohnung, in der schon drei andere Lehrer der anglo-chinesischen Schule wohnten. Die Wohnung hatte einen großen Bereich, in dem man sich tagsüber aufhalten konnte, wobei Eric und seine drei Mitbewohner einen chinesischen Bediensteten anstellten, der die Einkäufe erledigte, sauber machte und für sie kochte. Er hieß Kwei-Lin. Einer von Erics neuen Mitbewohnern beschäftigte sich immer mit interessanten Dingen, und Eric lernte eine Menge von ihm. Ein anderer besaß eine große Briefmarkensammlung, und schon bald begann Eric, ebenfalls entsprechende Exemplare zu sammeln. Erics dritter Zimmergenosse spielte Billard und brachte es auch Eric bei. Vermutlich bereute er das bald, denn Eric lernte schnell. Schon bald schlug Eric ihn und auch sonst jeden in Tianjin, der Billard spielen konnte. Wenn Eric nicht gerade damit beschäftigt war, Briefmarken zu sammeln oder Billard zu spielen, und wenn ihn weder der Sport noch irgendwelche Lehrverpflichtungen an der Schule riefen, war er Sonntagsschulleiter in der *Union Church*.

Trotz seiner vielen Beschäftigungen fühlte Eric sich ohne seine Eltern einsam. Er war mittlerweile 27 Jahre alt, und zum ersten Mal in seinem Leben dachte er ernsthaft darüber nach, zu heiraten und selbst Kinder zu haben. Er hatte keine Vorstellung davon, wen er heiraten sollte, aber langsam begann er, auf eine bestimmte junge Frau aufmerksam zu werden: Florence MacKenzie oder Flo, wie sie von allen genannt wurde. Flo war gerade mit ihren Eltern in Beidaihe gewesen, als Eric in China angekommen war. Sie war ein zierliches Mädchen mit funkelnden braunen Augen und langen schwarzen Locken. Sie spielte in der Kirche Orgel und war eine überzeugte Christin. Außerdem lachte sie gern und ersann so manchen Streich. Eric genoss es, in ihrer Nähe zu sein.

Es gab nur ein einziges Problem. Florence MacKenzie war erst 17 Jahre alt und absolvierte ihr letztes Schuljahr. Eric musste sich etwas überlegen, um sie besser kennenzulernen, ohne dass es so aussah, dass er mit einem zehn Jahre jüngeren Mädchen ausging. Nachdem er viel darüber nachgedacht hatte, beschloss er, sich mit der ganzen Abschlussklasse des Gymnasiums von Tianjin anzufreunden. Er wollte alle Schüler in das bekannte »Café Kiessling« zum Nachmittagstee einladen oder sie zu einem Spaziergang bzw. Picknick mitnehmen. Bei diesen Ausflügen konnte er Zeit mit Flo verbringen. Selbstverständlich versuchte er, es so aussehen zu lassen, als wäre er zu den anderen Schülern ebenso freundlich wie zu ihr. Aber je mehr Zeit er in ihrer Nähe verbrachte, umso lieber mochte er sie.

Schließlich kam Eric zu dem Schluss, dass Flo die Frau war, die er heiraten wollte. Das Problem war, dass er zu schüchtern war, sie zu fragen. Er hatte Angst, dass sie Nein sagen könnte, oder schlimmer, dass sie Ja sagen würde, aber ihre Eltern Nein. Er war nicht sicher, was er tun sollte. Daher lud er die ganze Abschlussklasse weiterhin zum Teetrinken ins »Café Kiessling« ein.

Endlich kamen die Sommerferien heran, und Eric wollte mit seinen Zimmergenossen nach Beidaihe. Natürlich war Eric begeistert, als er hörte, dass auch die Familie MacKenzie (einschließlich Flo) den Sommer dort verbringen wollte, und zwar in einer Hütte, die nur zwei Türen von seiner entfernt lag. Eric wurde in diesem Sommer der Hauptorganisator von Ausflügen. Er organisierte eine 4-tägige Wanderung zum nahegelegenen Berg *Pei-niu-ting*, Tennisturniere, Picknicks am Meer und Lesungen mit verteilten Rollen – alles, was ihn und Flo zusammenbrachte. Seine drei Zimmergenossen begannen bald, Erics Strategie zu durchschauen: Er sorgte immer dafür, dass Flo davon erfuhr, wenn er etwas plante.

Bei diesen Ausflügen lernte Eric Flo immer besser kennen. Sie erzählte ihm, dass sie im Herbst nach Toronto (woher ihre Familie stammte) gehen wollte, um dort eine Ausbildung als Krankenschwester zu beginnen. Die Ausbildung sollte vier Jahre dauern. Flo beabsichtigte, dann im Alter von 21 Jahren nach China zurückzukehren, um dort in einem Krankenhaus zu arbeiten. Erics Herz klopfte, als er darüber nachdachte. Er wusste, er konnte keine 17-Jährige heiraten, aber was war mit einer 21-Jährigen? Das wäre für eine Frau das perfekte Alter zum Heiraten.

Eric wartete, bis sie wieder in Tianjin waren, um Flo zu bitten, ihn zu heiraten. Zuerst dachte sie, dass er Witze machte. Schließlich war Eric Liddell ein gefeierter Olympiasieger, und sie war nur eine junge Frau, die gerade die Schule beendet hatte.

»Bist du sicher, dass du das wirklich willst?«, fragte sie ihn.

»Ja, gewiss«, antwortete Eric schlicht.

Flo musste nicht lange über ihre Antwort nachdenken. Erics Antrag hatte einen Traum wahr gemacht, und Flo willigte gerne ein. Ihre Eltern gaben dem Paar mit Freuden die Erlaubnis, nach Flos Ausbildung zu heiraten. Gleich darauf schrieb Eric nach

Hause und bat seine Mutter, einen Verlobungsring mit fünf Diamanten zu kaufen und zu ihm nach China zu schicken. Der Ring kam gerade rechtzeitig an, bevor Flo und ihre Familie sich auf den Weg nach Toronto machten. Eric überreichte Flo den Ring, und so begann ihre vierjährige Verlobungszeit. Das Paar plante zu heiraten, wenn Flo die Krankenpflegeschule beendet hatte.

Nachdem Flo China verlassen hatte, begann Eric mit den Vorbereitungen für seinen einjährigen Heimaturlaub in Schottland. Wie immer hatte er viele Pläne. Er beschloss, das Jahr für eine Ausbildung zum Pastor in der schottischen *Congregational Church* zu nutzen und sich dort ordinieren zu lassen. Das würde ihm neben dem Unterricht erlauben, mehr »traditionelle« Missionsarbeit zu tun. So konnte er beispielsweise eine Gemeinde leiten und Neubekehrte taufen. Er plante in Bezug auf seine Reisen auch ein, Flo zu besuchen, einmal auf der Hinfahrt und ein weiteres Mal auf der Rückreise nach China. Was er allerdings nicht berücksichtigte, war die Tatsache, dass er nicht der Einzige war, der Pläne für seinen Aufenthalt in Schottland machte. Es waren nun sieben Jahre vergangen, seit Eric seine Goldmedaille gewonnen hatte, und da inzwischen in Amsterdam ein weiteres Mal Olympische Spiele stattgefunden hatten, dachte Eric, dass ihn in Schottland bereits alle vergessen hatten. Er dachte falsch.

Nach einem wunderschönen Besuch bei Flo in Kanada, der viel zu schnell zu Ende war, fuhr Eric schließlich über den Atlantik in Richtung Britische Inseln. Als er endlich in Edinburgh ankam, war seine Begrüßung eine riesige Überraschung. Anstatt vergessen zu sein, war Eric Liddell beliebter als je zuvor. Es gab eine große Willkommensveranstaltung für ihn, die von einigen bekannten schottischen Ministern und Sportgrößen organisiert wurde. Eric war überwältigt. Im ganzen Land wollten die Menschen, dass er Vorträge hielt oder Einladungen zu Abendessen annahm, die man zu seinen Ehren veranstaltete.

Diese Verpflichtungen nahmen rasch zu, bis Eric kaum mehr den Überblick in Bezug darauf behalten konnte, welche Einladungen er von wo erhalten hatte. Er hasste die Vorstellung, dass er vielleicht jemanden aus Versehen vergaß, weil er niemanden enttäuschen wollte. Nach einigen Wochen richtete das College, an dem Eric seine Ausbildung zum Pastor absolvierte, ein »Eric-Liddell-Komitee« ein, das sich um die Wahrnehmung von seinen Terminen kümmern sollte. Das bedeutete eine große Entlastung für Eric, denn dadurch blieb ihm während der Woche mehr Zeit für sein Studium. An den Wochenenden sprach er überall dort, wo das Komitee Vorträge für ihn verabredet hatte. Er war immer noch aufgeregt, wenn er bei diesen Veranstaltungen in der Öffentlichkeit sprach, aber er hatte die wunderbare Möglichkeit erkannt, den Menschen von der Missionsarbeit und den Nöten der Menschen in China zu erzählen.

Diese Veranstaltungen waren nicht auf Schottland beschränkt. Eric reiste zu Vorträgen auch nach England und Irland. Wo immer er hinkam, erwartete »den fliegenden Schotten« ein Empfang, der eines Helden würdig war, und viele Menschen, die sonst nie in eine Kirche oder Gemeinde gingen, hörten seiner Botschaft bereitwillig zu.

Eric war überglücklich, wieder in Edinburgh bei seiner Familie zu wohnen. Er verbrachte auch Zeit mit seinen vielen Freunden. D. P. Thomson, der Erics erste Rede vor sechs Jahren in Armadale vorbereitet hatte, begleitete Eric zu vielen

Veranstaltungen. Eric besuchte auch Elsa McKechnie und ihre Familie. Elsa war immer noch die Vorsitzende seines offiziellen Fanklubs. Sie waren über die Jahre im Briefkontakt geblieben, während sich Eric in China aufhielt, und Elsa war erfreut, Eric persönlich wiederzusehen. Obwohl Eric an jedem Wochenende während seines Heimaturlaubs bei zwei oder drei Veranstaltungen sprach, fühlte er sich im persönlichen Gespräch mit Menschen wie Elsa am wohlsten. Wenn er auf ein großes Publikum schaute, versuchte er, sich jeden Einzelnen als Individuum vorzustellen und nicht die versammelte Menge als große Gruppe zu sehen.

Eric hatte immer echtes Interesse an jedem einzelnen Menschen, dem er begegnete, und genau diese Haltung unterschied ihn von vielen anderen berühmten Leuten. Einmal besuchte er eine große Kirche. Der dortige Pastor bat ihn, sich ins Gästebuch einzutragen. Eric kam der Einladung gern nach, und am Ende seines Namens fügte er ein chinesisches Schriftzeichen hinzu.

»Was bedeutet das?«, fragte der Pastor.

»Es bedeutet ›Keep smiling‹ (›Kopf hoch‹) auf Chinesisch«, antwortete Eric.

Der Pastor lächelte. »Wie nett. Ich werde das einer Frau aus meiner Gemeinde zeigen. Sie unterschreibt ihre Briefe und Mitteilungen immer mit diesen Worten – auf Englisch natürlich.«

Eric nickte.

»Manchmal sieht es nicht so aus, als ob sie viel zu lachen hätte«, fuhr der Pastor fort. »Sie hatte vor fünf Jahren einen schrecklichen Unfall, und seitdem war sie immer wieder im Krankenhaus.«

»Was ist mit ihr nicht in Ordnung?«, erkundigte sich Eric.

»Eigentlich alles. Ihre Kopfhaut wurde beim Unfall abgerissen, und sie verlor ein Auge. Die Ärzte konnten zwar Hauttransplantationen bei ihr durchführen, aber es war außerordentlich schmerzhaft. Sie ist fast blind und taub und hat fürchterliche Kopfschmerzen. Aber sie wird sich sehr über das ›Keep smiling‹ im Gästebuch freuen. Das ist auch ihre Botschaft an uns alle.«

»Hat sie vielleicht Zeit, dass ich sie besuchen kann?«, fragte Eric.

Der Pastor sah erstaunt aus. »Sie wollen sie besuchen? Ich kann mir nichts vorstellen, worüber sie sich mehr freuen würde als über einen Besuch von Ihnen!«

Und so kam es, dass Eric kurz darauf Bella Montgomery in ihrem kleinen Backstein-Reihenhaus besuchte. Die beiden verbrachten fröhlich plaudernd eine Stunde miteinander. Eric staunte über ihre wunderbare Einstellung. Nachdem er gegangen war, schrieb ihm Bella Montgomery einen Brief und bedankte sich für seinen Besuch. Der Brief erreichte ihn gerade, als er auf dem Weg zum Zug nach London war, wo er zu einem Vortrag eingeladen war. Eric stopfte den Brief in seine Jackentasche, damit er ihn im Zug lesen konnte, wenn er mehr Zeit hatte.

Im Zug war Eric allein in einem Abteil. Nachdem er seine Koffer in der Gepäckablage verstaut hatte, setzte er sich hin und las Bella Montgomerys Brief. Er lächelte, während er las. Die Grammatik und Rechtschreibung waren nicht perfekt, aber der Brief handelte davon, wie Bella Jesus Christus gefunden hatte und wie er ihr bester Freund in all ihren Problemen geworden war. Als Eric fertig war, faltete er den Brief wieder ordentlich zusammen und verstaute ihn in seiner Jackentasche.

An der nächsten Station stieg ein junger Mann ein und setzte sich in das gleiche Abteil wie Eric. Am Gesichtsausdruck des Mannes konnte Eric erkennen, dass er sehr unglücklich war. Während der Zug gemächlich dahinratterte, kam die Geschichte des jungen Mannes heraus. Er hatte seine Arbeit verloren, seine Freundin hatte ihn verlassen, und seine Familie hielt ihn für einen totalen Versager. Er erzählte Eric, dass er keinen Grund mehr sah weiterzuleben. Er frage sich, ob angesichts seines Gemütszustandes Selbstmord die Lösung wäre.

Zuerst wusste Eric gar nicht, was er zu dem jungen Mann sagen sollte, aber dann erkannte er, dass es gar nicht um seine Worte ging. Er griff in seine Jackentasche und zog Bella Montgomerys Brief heraus. »Hier, lesen Sie das«, sagte er, als er den Brief dem jungen Mann gab.

»Es hat keinen Sinn«, meinte der junge Mann und legte seinen Kopf in die Hände.

»Bitte, lesen Sie das. Es ist nur eine Seite.«

Erics Stimme beruhigte den Mann, der den Brief nun nahm. Nachdem er zu Ende gelesen hatte, erzählte ihm Eric ein bisschen von Bella Montgomery und davon, wie sie äußerst schwierige Umstände als Chance sehen konnte. Als der Zug in London ankam, war der junge Mann viel fröhlicher als vorher. Bella Montgomerys Brief hatte ihm neue Möglichkeiten aufgezeigt. Er sprach nicht mehr von Selbstmord, sondern dachte über die Gelegenheiten nach, die er in London finden würde.

Eric hatte beschlossen, während seines Heimaturlaubs nicht an Laufwettkämpfen teilzunehmen, weil er nicht genug Zeit hatte, sich darauf vorzubereiten. Allerdings machte er eine einzige Ausnahme. In London besuchte er seine alte Schule, das Eltham College. Alle Jungen an der Schule kannten ihren berühmten »alten Hasen«. Die Wände im Verwaltungsgebäude waren alle mit den vielen Sportplaketten und Trophäen verziert, die Eric und sein Bruder für die Schule gewonnen hatten. Eric war von den Verantwortlichen des Eltham College eingeladen worden, um die Preisverleihung beim diesjährigen Sporttag vorzunehmen. Er freute sich darüber, aber für die Jungen war das nicht genug, denn sie wollten Eric Liddell auf seiner »Heimbahn« laufen sehen. Nachdem sie nicht lockergelassen hatten, stimmte Eric zu, gegen die besten Läufer der Schule über die 220 Yards anzutreten. Er schlenderte in seinen normalen Schuhen an die Startlinie, hatte seine Jacke lässig über den Arm gehängt und sah überhaupt nicht wie ein ernsthafter Läufer aus. Als allerdings die Startpistole ertönte, war dies eine ganz andere Sache. Eric sprang von seiner Markierung hoch, flitzte die Laufbahn entlang und kam weit vor den besten Läufern der Schule ins Ziel. Die Schüler pfiffen und klatschten für den Sieger, der einmal einer von ihnen gewesen war.

Überall, wohin er auf den Britischen Inseln kam, wurde Eric nach seiner Meinung zur politischen Lage in China gefragt. Würde es einen Krieg geben? Wer würde einen solchen seiner Ansicht nach gewinnen? Das waren schwierige Fragen. Schottland war von Tianjin so weit entfernt, und die Verhältnisse änderten sich in China so schnell, dass Eric nicht wusste, was er davon halten sollte. Die Nationalistenarmee unter General Chiang Kaishek und die kommunistische Streitmacht waren im ganzen Land in viele brutale Kämpfe gegeneinander verwickelt, besonders im nördlichen Zentralchina. Dörfer wurden niedergebrannt, Häuser geplündert und Feldfrüchte vernichtet – überall, wo die Kämpfe tobten.

1931 nutzte Japan die Tatsache aus, dass China geschwächt war, und marschierte im Norden in die Mandschurei ein. Zuerst hatten Erics Freunde von der anglochinesischen Schule berichtet, dass es nicht viele Kämpfe rund um Tianjin gab und dass der Alltag normal weiterging. Das änderte sich aber, als ungefähr zwei Drittel seiner Urlaubszeit vorüber waren. Nun begann Eric, Briefe aus China zu erhalten, die das bestätigten, was er in den Zeitungen las. Die Japaner waren dreister geworden. Sie hatten Schanghai bombardiert, den größten Hafen in China. Japanische Kanonenboote und Flugzeuge hatten große Stadtgebiete mit ihrem erbarmungslosen Bombardement dem Erdboden gleichgemacht. Schließlich konnte Großbritannien Japan dazu bewegen, den Angriff zu stoppen, aber eine stabile Zukunft für China war nicht in Sicht. Das Land befand sich in einem Tauziehen dreier Parteien. Die Kommunisten, Nationalisten und Japaner rangen um die Vorherrschaft, und Eric hatte keine Ahnung, wer am Schluss gewinnen würde. All diese Fragen führten allerdings dazu, dass er sich mehr denn je wünschte, nach China zurückzukehren. Es gab noch so viel missionarische Arbeit zu tun!

Gegen Ende seines Heimaturlaubs gab es viel geschäftiges Treiben im Hause Liddell. Jenny heiratete Dr. Charles Somerville, und diesem Ereignis sah man erwartungsfroh entgegen. Eric konnte an der Zeremonie teilnehmen, ebenso wie sein Bruder Robert, der mit seiner Familie gerade auf Heimaturlaub gekommen war. Die ganze Familie war wieder zusammen, was die Hochzeit zu einem wunderschönen Ereignis machte.

Ein weiteres wunderschönes Familienereignis fand im Juni 1932 statt, als Eric seine Prüfungen bestanden hatte und als Pastor in der schottischen *Congregational Church* ordiniert wurde. Er war jetzt Pastor Eric Liddell. Nach seiner Ordination wurde es für ihn jedoch Zeit, nach China zurückzukehren. Natürlich hasste er es, seine Eltern wieder zu verlassen – vor allem deshalb, weil sein Vater Nachrichten erhalten hatte, mit denen alle Beteiligten erst einmal fertigwerden mussten: Erics Eltern würden nicht nach China zurückkehren, wie sie es geplant hatten. Die Londoner Missionsgesellschaft hatte entschieden, dass es für James Liddell aufgrund seiner gesundheitlichen Beeinträchtigungen Zeit wäre, die Missionsarbeit zu beenden. Während Eric Vorbereitungen für seine Rückkehr traf, tröstete er sich mit dem Gedanken, dass er vielleicht in irgendeiner Weise den Platz seines Vaters in China ausfüllen könnte.

Eric war traurig und aufgeregt zugleich, als er sich wieder auf den Weg nach China machte. Sich von seiner Familie zu verabschieden, war schwer für ihn, aber andererseits hatte er einen Besuch in Toronto vor sich, auf den er sich freuen konnte.

ENDLICH VEREINT

Eric verbrachte sechs Wochen bei Flo und ihrer Familie in Toronto. Die Zeit verging viel zu schnell, aber Eric konnte Flo von Jennys Heirat erzählen, und gemeinsam trafen sie auch schon einige Vorbereitungen für ihre eigene Hochzeit in Tianjin. Sie beschlossen, im März 1934 zu heiraten. Dann sollte die Ausbildungszeit an der Krankenpflegeschule zu Ende sein, und Flo würde nach China zurückkehren.

Im September 1932 war Eric wieder in Tianjin, bereit für den Beginn des neuen Schuljahres. Alle seine alten Verpflichtungen warteten auf ihn. Eric wurde wieder Hausvater für eine Gruppe von Jungen und daneben Sonntagsschulleiter in der *Union Church*. Er übernahm auch noch einige neue Verantwortlichkeiten; so wurde er zum Leiter der anglochinesischen Schule und zum Vorsitzenden des Sportausschusses gewählt. Und nachdem er nun ordinierter Pastor war, nahm er mehr Predigtdienste in verschiedenen Kirchen wahr. Einmal in der Woche schrieb er einen langen Brief an seine Eltern. Da sie ja nicht mehr nach China zurückkehren sollten, wollten sie alles darüber erfahren, was er tat. Außerdem interessierte sie, ob er einige alte Freunde getroffen hatte. Darüber hinaus war Eric auch noch Lehrer und musste seinen Unterricht vorbereiten und Arbeiten bewerten. Doch Eric mochte all die zusätzliche Arbeit; dadurch verging die Zeit schneller, während er auf Flos Rückkehr wartete.

Alles verlief gut für Eric bis zum November 1933, als er ein Telegramm mit der Nachricht erhielt, dass sein Vater plötzlich gestorben war. Eric war traurig und fühlte sich hilflos. Robert und er befanden sich am anderen Ende der Welt zu einem Zeitpunkt, als ihre Mutter sie am meisten brauchte. Sie hatten keine Möglichkeit, rechtzeitig zur Beerdigung nach Hause zu kommen. Nachdem die Nachricht von James Liddells Tod bekannt geworden war, kamen viele Menschen – Missionare und Einheimische –, um Eric zu trösten. Erics Vater hatte einen großen Einfluss auf das Leben zahlreicher Menschen in und um Tianjin gehabt, und Eric erneuerte seinen Entschluss, das Gleiche anzustreben.

Während der darauffolgenden Wochen dachte Eric oft an Jennys Hochzeit. Damals hatte niemand geahnt, dass es das letzte Mal sein würde, dass die Liddells als ganze Familie zusammen waren. Wenn auch Robert und Eric nicht bei ihrer Mutter sein konnten, so war Eric doch getröstet, dass Jenny und Ernest bei ihr waren, um ihr zu helfen. In einem Brief kurz nach James Liddells Tod schrieb Eric an seine Mutter: »Jennys Garten wird bald wieder blühen. Du musst sie besuchen, liebe Mutter, und bei ihr bleiben, besonders zu dieser Jahreszeit. Ich bin so froh, dass ich gerade auf Heimaturlaub war und bei Dir sein konnte, denn nun habe ich ein klares Bild vor Augen und kann mir vorstellen, was Du gerade machst.«

Wenn auch der Tod seines Vaters Eric traurig machte und niederdrückte, half ihm eine Nachricht wieder aus seinem Tief: Flo und ihre Mutter waren an Bord der *Empress of Canada* unterwegs nach Taku in China. Eric konnte Flos Ankunft kaum erwarten. Endlich würden Flo und er zusammen sein. Das Schiff machte noch Halt in Hawaii und Japan und sollte ungefähr am 1. März 1934 in China anlegen. Flo schrieb Eric, dass sie ihm von Japan aus telegrafieren wollte, wann genau das Schiff in Taku ankommen sollte.

Eric hatte eine Menge zu tun. Seine drei früheren Mitbewohner waren zu anderen Arbeitsstellen gewechselt, sodass

Eric allein in der Wohnung zurückblieb. Die anglochinesische Schule war Eigentümer der Wohnung und stimmte zu, diese Eric und Flo zur Verfügung zu stellen, wenn sie verheiratet waren. Eric begann, die Wohnung so umzugestalten, dass es ein geeignetes Heim für ein Ehepaar wurde. Die Wände wurden gestrichen und neue Möbel gekauft oder geborgt. Außerdem wurde die Küche blank geputzt. Schließlich war alles fertig, und Eric konnte nichts mehr tun, als abzuwarten. Obwohl erst achtzehn Monate seit ihrem letzten Treffen vergangen waren, kam es Eric wie eine Ewigkeit vor.

Endlich kam der Tag von Flos geplanter Ankunft in Taku heran. Ihr Vater war schon einige Monate zuvor nach China zurückgekommen, und so traten die beiden Männer gemeinsam die einstündige Zugfahrt von Tianjin nach Taku an. Bei ihrer Ankunft erwarteten sie jedoch schlechte Neuigkeiten. Das Schiff war im Gelben Meer von schlechtem Wetter aufgehalten worden.

Die beiden Männer übernachteten in Taku bei einem Freund und machten sich am nächsten Tag wieder auf den Weg zum Hafen, um auf das Schiff zu warten. Wieder erhielten sie schlechte Nachrichten. Stürmische Winde peitschten das Meer noch immer auf, und durch den Gischtnebel hindurch konnte Eric draußen am Horizont die *Empress of Canada* erkennen. Das Schiff wurde von meterhohen Wellen, die gegen dessen Rumpf schlugen, hin und her geschleudert. Obwohl das Schiff schon so nahe war, informierte der Hafenmeister die Wartenden über eine weitere Verzögerung. Die *Empress of Canada* benötigte eine Wassertiefe von viereinhalb Metern, um sicher in den Hafen und zur Anlegestelle zu kommen. Die Ebbe setzte jedoch schon ein, und bei diesen gefährlichen Winden konnte das Schiff die Einfahrt in den Hafen nicht riskieren. Stattdessen wartete man ab, bis sich der Wind legte oder die nächste Flut einsetzte.

Niedergeschlagen marschierten Eric und Mr MacKenzie wieder zurück zum Haus ihres Freundes. Als sie gerade angekommen waren, erhielten sie die Nachricht, dass das Schiff von Wind und Wellen so übel zugerichtet worden war, dass der Kapitän entschieden hatte, es doch zu riskieren, im Sturm anzulegen.

Als sie wieder in den Hafen kamen, schob sich die *Empress of Canada* parallel zur Hafenmauer. Schleppschiffe hatten begonnen, den Ozeandampfer näher heranzubringen, als plötzlich ein heftiger Windstoß das Schiff erfasste und sein Heck gegen die Hafenmauer drehte. Die Zuschauer hielten den Atem an, schlossen ihre Augen und erwarteten jeden Moment das Geräusch von berstendem Metall, weil sie befürchteten, dass das Schiff mit der Hafenmauer kollidieren würde. Glücklicherweise geschah das nicht. Die Schlepper zogen angestrengt an den Heckleinen, sodass es gelang, das Schiff langsam wieder auszurichten. Schließlich versuchten Hafenarbeiter, die Taue zu erwischen, die von der *Empress of Canada* herabgeworfen wurden. Sie befestigten diese an den Pollern am Rand der Hafenmauer, und binnen Kurzem war das Schiff sicher vertäut. Eine Landungsbrücke wurde in Position gebracht, und Eric wartete unruhig darauf, dass Flo herunterkam.

Endlich erspähte Eric Flo. Er grinste breit und eilte zum Ende der Landungsbrücke, um sie zu begrüßen. Als sie nun wieder zusammen waren, wussten sie gar nicht, worüber sie zuerst sprechen sollten – über Flos Prüfungen, die Reise von Kanada nach China, die Reise, die Flo vor einigen Monaten nach Schottland unternommen hatte, um Erics Mutter zu besuchen, oder die Farben, die Eric für die Wände in ihrem neuen Heim ausgesucht hatte. Alle Themen flossen ineinander, und die beiden redeten bis fünf Uhr morgens, als es Zeit war, in den Zug nach Tianjin zu steigen.

Drei Wochen später, am 27. März 1934, wurden Florence MacKenzie und Eric Liddell in der *Union Church* in Tianjin getraut. Die Hochzeit des bekannten Paares zog eine riesige Menschenmenge an. Die Titelseiten diverser Zeitungen in Tianjin und Peking berichteten sogar von der Feier. Die Jungvermählten verbrachten kurze Flitterwochen in Peiping, einige Kilometer westlich von Tianjin, bevor sie sich nach der Rückkehr in Erics Wohnung häuslich einrichteten.

Flo hatte große Freude daran, alles geschmackvoll anzuordnen und eine gemütliche Atmosphäre zu schaffen. Sie holte alle Trophäen und Medaillen aus den Kisten, in denen Eric sie die ganzen Jahre über aufbewahrt hatte. Flo bestand darauf, sie an die Wand zu hängen oder auf den Kaminsims zu stellen. Anfangs war es für Eric schwierig, sich daran zu gewöhnen, dass jeder seine Trophäen sehen konnte. Er befürchtete, dass die Leute denken könnten, er wollte damit prahlen. Aber weil er bemerkte, dass Flo so stolz darauf war, ließ er sie gewähren.

In Erics und Flos neuem Heim gab es viel Lachen und Spaß. Außerhalb jedoch sammelten sich weiterhin die Sturmwolken des Krieges. Niemand wusste, was passieren würde, aber alle stimmten zu, dass die Dinge nicht so weitergehen konnten wie in der Vergangenheit. Englands »goldene Tage« in China neigten sich langsam dem Ende zu. China wollte sein Schicksal nun

Florence MacKenzie und Eric Liddell heiraten am 27. März 1934.

selbst in die Hand nehmen. Die große Frage bestand allerdings darin: Was war Chinas Schicksal? Würde es ein China sein, das von einem nationalistischen Regime beherrscht wurde? Oder von einer Regierung, die von den Kommunisten kontrolliert wurde? Gerade die Letztgenannten gewannen ja auf dem Land weiterhin an Macht. Und was war mit den Japanern? Weder Kommunisten noch Nationalisten schienen gewillt zu sein, die

Kämpfe gegeneinander vorerst einzustellen, um die japanischen Eindringlinge abwehren zu können.

Die Stadtverwaltung von Tianjin begann, sich für den Krieg vorzubereiten. Es wurde angeordnet, dass alle Jungenschulen in der Stadt mit ihren Schülern eine militärische Ausbildung durchführen mussten. Eric missfiel dies in jeder Beziehung. Es war für eine christliche Schule ohnehin sehr schwierig, die Jungen zu lehren, wie man andere tötet und verstümmelt, wenn man angegriffen wird. Die Schule hatte jedoch keine andere Möglichkeit, als den Anweisungen der Stadtverwaltung zu folgen. Trotzdem kam auch etwas Gutes dabei heraus. Die militärische Ausbildung führte dazu, dass viele von den Jungen der anglochinesischen Schule ernsthafter über ihre glaubensmäßigen Überzeugungen nachdachten. Einige neue Bibelstudiengruppen entstanden überall auf dem Schulgelände. Es war weiterhin eine ernste Zeit, die Eric daran erinnerte, wie es damals am Eltham College gewesen war, als die älteren Jungen die Schule verlassen und sich auf einen Fronteinsatz vorbereitet hatten, während der Erste Weltkrieg tobte.

Trotz der Spannung und Ungewissheit darüber, was mit China geschehen würde, verging das erste Ehejahr für Eric und Flo wie im Flug. Bald kam auch Familienzuwachs, das Baby Patricia. Ein Jahr später bekam Patricia eine Schwester, Heather. Flo erzählte gern die Geschichte, wie Heather zu ihrem Namen kam. Als Schotte wollte Eric seine zweite Tochter Heather nennen, nach den violett blühenden Sträuchern, die an den Hängen der schottischen Weiten wuchsen. Flo war nicht so begeistert; sie hatte für das neue Baby einen anderen Namen im Sinn. Eric bot an, die Sache dadurch zu lösen, indem er beide Namen auf ein Stück Papier schrieb und beide jeweils eins davon aus einem Hut zogen. Sie vereinbarten, den Namen für das Baby zu wählen, der auf dem Zettel stand. Mit einer schwungvollen Bewegung faltete Eric die beiden Blätter und legte sie in einen Hut. Er hielt den Hut Flo hin, damit sie wählen konnte. Als sie den Zettel auffaltete, stand dort »Heather«. Flo hielt sich an die Abmachung und verkündete, dass das Baby Heather heißen sollte. Schließlich lachte Eric schallend auf. Er griff in den Hut und zog den zweiten Zettel heraus. Auch darauf stand »Heather«! Flo lachte mit ihm. Wenn Eric so sehr wollte, dass seine zweite Tochter Heather hieß, sollte er seinen Willen haben.

Der Sommer des Jahres 1936 hätte für die Familie Liddell fröhlich und unbekümmert sein sollen, aber es wurde eine Zeit ernsthafter Überlegungen hinsichtlich ihrer weiteren Zukunft in China. Flo und die Mädchen fuhren in die Küstenstadt Beidaihe, um der Hitze von Tianjin zu entkommen. Im August sollte Eric für einige Wochen in den Ferien zu ihnen stoßen. Im Juli wurde Eric jedoch gebeten, an einem Treffen mit denjenigen Missionaren teilzunehmen, die von der Londoner Missionsgesellschaft als Verantwortliche für China ausgesandt worden waren und die sich um die finanzielle Unterstützung für ihn und seine Familie kümmerten. Bei der Zusammenkunft erzählten sie Eric von der außerordentlich schwierigen Situation, in der sie sich befanden. Es gehe darum, wie ihre Missionare verteilt seien, sagten sie. Zu viele von ihnen lebten in den Städten, wo das Leben fast wie normal weiterging, und zu wenige waren auf dem Land, wo es fürchterliche Verwüstungen wegen der andauernden Kämpfe gab. Die Leiter der Londoner Missionsgesellschaft übten einen gewissen Druck auf die für China

Verantwortlichen aus, einige von den Lehrern, die in Tianjin arbeiteten, in eines der am härtesten betroffenen Gebiete, und zwar nach Siao Chang, zu schicken.

Eric nickte schweigend, während er zuhörte, was gesagt wurde.

»Natürlich war Ihr Name einer der ersten, die genannt wurden«, erklärte der Feldleiter für China. »Wir wissen, dass Sie einen Teil Ihrer Kindheit in Siao Chang verbracht haben, und Ihr Bruder Robert ist Arzt in unserem Krankenhaus dort. Als ordinierter Pastor wären Sie die perfekte Wahl, um dort als Dorfevangelist zu arbeiten.«

»Aber es gibt eine Sache, die das erschwert«, sagte ein anderer, der ebenfalls zu den für China verantwortlichen Missionaren gehörte. »Die Ebenen sind kein Ort für eine Frau und kleine Kinder. Die Bedingungen dort sind fürchterlich. Überall finden Kämpfe statt, und niemand weiß genau, wer gerade gewinnt oder auf welcher Seite jemand steht. Es ist ein völliges Durcheinander. Die Bauern und Landarbeiter sind von den Nationalisten enttäuscht und glauben, dass die Kommunisten eher in der Lage sind, ihnen zu helfen. Die selbst ernannten lokalen Machthaber kämpfen heftig um die Kontrolle über die Bauern. Und während jeder gegen jeden kämpft, rücken die Japaner geräuschlos und wirkungsvoll nach Süden vor.«

»Ja, Siao Chang ist kein geeigneter Ort für eine Frau und kleine Kinder«, wiederholte der Feldleiter.

»Ja. Ich höre, dass die Lage in Siao Chang ziemlich hoffnungslos geworden ist«, stimmte Eric zu. »Mein Bruder berichtet in seinen Briefen manches darüber. Letzte Woche schrieb er über die Babys, die ins Krankenhaus gebracht wurden, weil ihre

Mütter bei den Kämpfen getötet worden waren. Die Krankenschwestern versuchten, das Leben der Kinder mit Sojabohnen-Erzeugnissen zu retten, aber die meisten starben ohne Muttermilch.«

»Dann wissen Sie ja Bescheid, worum es geht«, sagte ein anderer verantwortlicher Chinamissionar. »Alles in allem denken wir, dass Sie der Geeignetste sind, den wir dorthin schicken könnten. Wie wir schon erklärt haben, ist das allerdings kein geeigneter Ort für Ihre Frau oder die Kinder. Sie werden sie in Tianjin zurücklassen müssen und sie nur in regelmäßigen Abständen besuchen können.«

Eric saß still da. Vor einigen Wochen hatten sie sich im Lehrerzimmer der anglochinesischen Schule darüber unterhalten, dass etwas Derartiges geschehen könnte. Eric hatte vermutet, dass man ihn fragen würde, weil er nun ja schon seit zehn Jahren an der Schule beschäftigt war. Er hatte jedoch nicht erwartet, dass das eine Trennung von seiner eigenen Familie bedeuten würde. Er wusste nicht, was er sagen sollte.

Als das Treffen zu Ende ging, räusperte sich der Feldleiter und ergriff das Wort. »Auf jeden Fall ist das nichts, was Sie sofort entscheiden müssen. Wir würden Sie nicht vor Ende des kommenden Schuljahres dorthin senden. Sprechen Sie mit Ihrer Frau darüber, und wir werden Sie im Oktober wieder einladen und hören, was Sie dazu sagen werden.«

»Vielen Dank«, antwortete Eric. »Das ist keine Entscheidung, die ich unüberlegt treffen kann. Ich werde darüber beten und mit meiner Frau sprechen.«

Als sich der Zug gemächlich Beidaihe näherte, dachte Eric immer noch über das Treffen nach. Er überlegte sich, wie er

Flo sagen sollte, worum ihn die Verantwortlichen gebeten hatten. Und was noch wichtiger war: Er überlegte, ob es für ihn das Richtige war. Er würde während seiner Sommerferien eine Menge Zeit mit reiflichem Überlegen und Gebet verbringen.

LI MU SHI

In Eric Liddell reifte schließlich eine Entscheidung. Er würde nach Siao Chang gehen, um unter den Bauern zu arbeiten, denen jede Hoffnung durch die andauernden Kämpfe um sie herum genommen worden war. Viele von Erics befreundeten Lehrern in der anglochinesischen Schule meinten, dass Eric von den Verantwortlichen der Missionsgesellschaft zu dieser Entscheidung gedrängt worden war, aber Flo wusste es besser. Sie erinnerte sich daran, wie Eric ihr die Geschichte erzählt hatte, als er sich bei den Olympischen Spielen geweigert hatte, am Sonntag zu laufen. Obwohl scheinbar ganz Schottland gegen ihn und seine Entscheidung gewesen war, hatte Eric daran festgehalten. Eric sprach leise und war immer noch etwas schüchtern, aber es war unmöglich, dass ihn die Meinung anderer Leute dazu bringen konnte, etwas zu tun, von dem er nicht überzeugt war. Auch konnte sie ihn nicht daran hindern, etwas zu tun, wozu er sich von Gott berufen wusste.

Ende Dezember 1937 lud Eric sein Gepäck auf ein Flussschiff. Es war für ihn die Zeit zum Aufbruch gekommen. Schweren Herzens umarmte Eric Flo sowie seine Töchter Patricia und Heather zum Abschied und ging an Bord des Schiffes, das ihn auf der zehntägigen Reise südwärts nach Siao Chang bringen würde. Er stand am Heck des Flussschiffes und winkte, bis die drei Menschen, die er am meisten liebte, am Horizont verschwanden und nur noch ein verschwommener Fleck am Flussufer zu sehen war.

Das Gelände der Londoner Missionsgesellschaft in Siao Chang war weitgehend so geblieben wie damals, als Eric in frühen Kindheitsjahren mit seinen Eltern dort gelebt hatte. Eric war fünf Jahre alt gewesen, als er fortging, und erstaunlicherweise konnte er sich gut an den Ort und sein Leben dort erinnern. Als er die dicke Mauer sah, die das Gelände umschloss, erinnerte er sich daran, wie er früher auf dem oberen Rand herumspaziert war und auf die schier endlose Landschaft jenseits des Dorfes geschaut hatte. Er erinnerte sich an das Haus, in dem seine Familie gelebt hatte, und an das Feld nebenan, wo seine Eltern ihren Kindern erlaubt hatten, eine Ziege zu halten. Das Schild, auf dem »Chung Wai I Chai« (»Ein gemeinsames Zuhause für Chinesen und Fremde«) geschrieben stand, hing immer noch über dem Eingang zum Gelände. Mittlerweile war es verblichen. Es hing schon vor fünfunddreißig Jahren dort, als seine Eltern zum ersten Mal angekommen waren. Das war während der Unruhen beim Boxeraufstand, als viele Chinesen »fremde Teufel« für ihre Probleme verantwortlich machten. Die Dorfbewohner hatten das Schild aufgehängt, um James und Mary Liddell mitzuteilen, dass sie im Dorf willkommen waren. Nun bedrohte eine viel größere Gefahr als der Boxeraufstand den Frieden und die Stabilität von Siao Chang.

Eric machte sich mit den Teilen des Geländes vertraut, an die er sich nicht mehr erinnern konnte oder die dazugekommen waren, seit er damals mit seinen Eltern China verlassen hatte. Dann besuchte er seinen Bruder Robert im 100-Betten-Krankenhaus, wo dieser als Arzt tätig war. Er traf auch Dr. Kenneth McAll, der mit Robert zusammenarbeitete, und wurde Annie Buchan vorgestellt, der Oberin des Krankenhauses, die ebenfalls Schottin war.

Viele Menschen in der Gegend von Siao Chang erinnerten sich an Eric, als er in frühen Kindheitsjahren im Dorf gelebt hatte. Sie erzählten ihm Geschichten über seinen Vater, den sie *Li Mu Shi* genannt hatten. (*Li* ist die Abkürzung für »Liddell«, und *Mu*

Shi bedeutet »Pastor« auf Chinesisch.) Nun nannten sie Eric mit dem gleichen Namen.

Der Gebietsleiter der Londoner Missionsgesellschaft, der für Siao Chang und das Umland zuständig war, erklärte Eric seine neuen Aufgaben. So einfach sie zu beschreiben waren – sie waren gefährlich. Es gab über zehntausend Dörfer in der Großen Ebene, und Siao Chang war für all diese Dörfer das Zentrum bezüglich der missionarischen Arbeit. Viele dieser Dörfer befanden sich in einer furchtbaren Situation. Die letzten sechs Jahre waren für die Dorfbewohner sehr schwierig gewesen. Einer Reihe massiver Trockenperioden waren jeweils sintflutartige Regenfälle und anschließende großflächige Überschwemmungen gefolgt. Als Ergebnis dieser fortwährenden Abfolge von Trockenheiten und Überschwemmungen war der Ernteertrag im Jahr 1937 weniger als die Hälfte dessen, was es normalerweise gab. Auch ohne politische und militärische Probleme war es für die Menschen in diesem Gebiet schwierig gewesen, in den vergangenen Jahren zu überleben. Der Krieg hatte die Situation nur noch unerträglicher gemacht.

Weil es eine so große Anzahl von Dörfern gab, hatten weder die Kommunisten oder die Nationalisten noch die Japaner genügend Soldaten, um alle gleichzeitig zu erobern. Infolgedessen gingen die Angehörigen einer Armee – die beispielsweise aufseiten der Kommunisten standen – folgendermaßen vor: Sie besetzten ein Dorf, wobei die Soldaten alle Nahrungsmittel raubten, die sie fanden. Sie zwangen viele Männer zum Dienst in ihrer Armee, töteten diejenigen, die sich wehrten, vergewaltigten die Frauen und brannten die Häuser von denen nieder, die sie verdächtigten, Nationalisten oder japanische

Sympathisanten zu sein. Wenn sie sich nach einigen Wochen langweilten, beschlossen sie, ein anderes Dorf zu überfallen. Hatten die Kommunisten das Dorf verlassen, kamen die Nationalisten, um mit dem Dorf und seinen Bewohnern in gleicher Weise zu verfahren. Schließlich zogen auch sie weiter, und die Japaner marschierten ein. Für die Menschen, die dort wohnten, war dies eine deprimierende Abfolge unaufhörlicher Gewaltakte, wobei sie wenig Macht hatten, all diese Geschehnisse zu verhindern.

Erics Arbeit war es, die Dörfer in der Ebene zu besuchen, die Christen unter den Dorfbewohnern zu ermutigen und evangelistische Versammlungen für diejenigen abzuhalten, die die Botschaft vom Evangelium noch nicht gehört hatten. Obwohl sich das recht einfach anhörte, war es in Wirklichkeit mit vielen Gefahren verbunden. Besonders die Kommunisten hassten das Christentum, und ein Missionar in ihren Händen würde wahrscheinlich sofort erschossen werden. Um es für Eric etwas sicherer zu machen, gaben ihm Mitarbeiter des Roten Kreuzes eine Armbinde. Sie führten ihn unter dem offiziellen Titel »Buchhalter des Krankenhauses« und nicht als Missionar. Erics neue Arbeit war nicht nur gefährlich, sondern auch deprimierend. Niemandem, der die schier endlosen Weiten der Großen Ebene durchquerte, blieben schreckliche Anblicke erspart. Manchmal konnte Eric etwas tun, um denjenigen zu helfen, denen er begegnete. Oft war es jedoch leider für jede Hilfe zu spät.

Eric verschwendete keine Zeit und begann sofort mit seiner neuen Arbeit. Weil in der ganzen Großen Ebene so viele verschiedene Dialekte gesprochen wurden, nahm er einen Dolmetscher mit auf seine Reisen, Wang Feng Chou. Bevor sie loszogen, brachte Eric Wang Feng als Erstes das Radfahren bei, damit sie schneller vorankamen als zu Fuß. Dem armen Wang Feng boten sich bei seinen ersten Stunden auf dem Rad keine schönen Straßen mit glatter Oberfläche. Vielmehr musste er mit zerbombten Pisten voller Schlaglöcher vorliebnehmen. Wegen der schlechten Straßenbedingungen kamen die beiden mindestens einmal täglich mit ihren Fahrrädern zu Fall, indem sie unsanft auf dem harten, mit Schlaglöchern übersäten Boden landeten. Am Ende einer Reise war Erics Körper häufig voller blauer Flecken, weil er so oft mit dem Fahrrad gestürzt war.

Manchmal konnten Eric und Wang Feng zu einem nahegelegenen Dorf fahren, dort predigen, die Christen des Ortes besuchen und am gleichen Tag wieder nach Siao Chang zurückkommen. Wenn sie ein anderes Mal weiter wegfuhren, wollten sie die Nacht dort verbringen, wo sie dazu eingeladen wurden.

Bei solchen Gelegenheiten schliefen sie normalerweise auf dem schmutzigen Fußboden einer Hütte und gingen hungrig zu Bett, wie auch jeder andere im Haus. Meistens gab es für die Familie nicht genug zu essen, geschweige denn für Besucher.

Das schwache Flackern einer Lampe erhellte einen kleinen Webstuhl an einem Ende des Raums. Während der Nacht wechselten sich die Familienmitglieder beim Weben ab. Sie verwebten Baumwollgarn zu Stoff. Seit es so viele Missernten gab, war das die einzige Möglichkeit, ein bisschen Geld zu verdienen. Daher wurde es für eine Familie sehr wichtig, die Webarbeiten vierundzwanzig Stunden am Tag auszuführen. Das Klicken des Webstuhls wurde zu einem Hintergrundgeräusch, das die täglichen Anstrengungen der Familie begleitete, genug Essen zum Überleben zusammenzukratzen.

Eric arbeitete eng mit dem Krankenhaus zusammen. Da er immer in der ländlichen Gegend unterwegs war, wusste er, mit welchen Verletzungen die Menschen ins Krankenhaus kommen würden und aus welcher Gegend sie waren. Weil die Art der Verletzungen schon vorher bekannt war, konnte das Krankenhauspersonal besser auf die Bedürfnisse der Menschen reagieren.

Vor Erics Ankunft hatten die Ärzte des Krankenhauses japanischen oder kommunistischen Soldaten, die bei den Kämpfen verwundet wurden, nur sehr widerwillig geholfen. Obwohl die Macht der Nationalisten im Land rasch abnahm, wurden sie dennoch als rechtmäßige Regierung Chinas anerkannt, und die Mitarbeiter des Krankenhauses wollten den Nationalisten nicht dadurch, dass sie Soldaten der gegnerischen Armeen behandelten, einen Vorwand zum gewaltsamen Einschreiten geben. Außerdem hassten und töteten sowohl Japaner als auch Kommunisten Christen. Langsam trug Erics Beispiel jedoch dazu bei, dass die Ärzte ihren Widerwillen aufgaben. Eric half jedem Menschen, der es nötig hatte – unabhängig davon, auf welcher Seite er stand. Viele Angestellte des Krankenhauses fragten ihn, wie er denn japanischen Soldaten helfen könne, obwohl diese so viele Chinesen töteten. Eric betonte nur, dass er jedes menschliche Wesen als jemanden sah, den Gott liebte. Seine Einstellung beeinflusste allmählich immer mehr Mitarbeiter des Krankenhauses, und schon bald fanden Chinesen und Japaner, Kommunisten und Nationalisten gleichermaßen Hilfe im Krankenhaus der Londoner Missionsgesellschaft, indem sie dort liebevoll behandelt wurden.

Manchmal wurde Eric gebeten, einen Verwundeten »abzuholen« und ihn ins Krankenhaus zu bringen – ungeachtet dessen, ob es ein Mann oder eine Frau war. Oft fürchteten sich die Bewohner vor Ort zu sehr, einen Verwundeten zu transportieren, weil sie Angst hatten, von einer gegnerischen Armee gefangen genommen und getötet zu werden.

Am 19. Februar 1938 erhielt das Krankenhaus die Nachricht, dass ein verwundeter kommunistischer Soldat in einem Dorf ungefähr dreißig Kilometer vom Krankenhaus entfernt in einem Tempel lag. Eric wurde gebeten, den verwundeten Mann aufzusuchen und ihn ins Krankenhaus zur Behandlung zu bringen. Ein chinesischer Mann meldete sich freiwillig, dorthin zu gehen, weil er meinte, dass ihm nichts Böses geschehen konnte, wenn er mit Eric unterwegs war.

Der chinesische Mann brach allein mit einem Wagen auf, mit dessen Hilfe der verwundete Soldat transportiert werden konnte. Einige Stunden später holte ihn Eric auf seinem Fahrrad ein. Als sie das Dorf Pei Lin Tyu erreichten, sprach Eric mit einem der Dorfältesten. »Ich habe gehört, Sie haben hier einen verletzten Soldaten«, sagte er.

»Ja«, antwortete der Dorfälteste. »Er ist im Tempel. Ich weiß, es ist dort kalt und feucht, aber wir konnten nichts anderes tun. Wenn wir ihn zu uns ins Haus genommen hätten, und die Japaner hätten ihn dort gefunden, wäre unsere ganze Familie getötet worden.« Der Dorfälteste zuckte frustriert mit den Schultern angesichts der Ereignisse, die sein Dorf ereilt hatten.

Eric nickte verständnisvoll. »Das sind schwierige Zeiten. Bitte zeigen Sie mir, wo er ist.«

Der Dorfälteste führte Eric zu einem kleinen Tempel und blieb am Treppenabsatz stehen.

»Er ist dort drin«, sagte er und zeigte die Stufen hinauf. »Er hat jeden Tag zu essen bekommen, und jemand gab ihm etwas Stroh zum Schlafen. Er ist seit fünf Tagen da drin. Aber weil die Japaner nur einen Kilometer entfernt im nächsten Dorf sind, wagen wir nicht, mehr zu tun. Es wäre unklug.«

Der Dorfälteste drehte sich um und ging weg. Eric kletterte die Stufen hinauf und ging allein in den Tempel. Im Dämmerlicht konnte er eine Gestalt wahrnehmen, die auf einem niedrigen Strohhaufen lag. Der schlafende Mann hatte eine zerrissene Decke über sich gezogen, kaum genug, um sich bei winterlichen Temperaturen unter null Grad hinreichend zu schützen. Eric ging hin und kniete neben ihm nieder. Der Mann wachte auf. Panik machte sich in seinem Gesicht breit. Der Mann hielt seine Hand über seine Augen.

»Nein, nein! Töten Sie mich nicht«, bat er.

Eric beruhigte ihn und erklärte ihm, warum er hier war. Weil die Abenddämmerung hereinbrach und es schon viel zu spät war, um aufzubrechen, versprach Eric dem Soldaten, dass er als Erstes am nächsten Morgen zurückkommen und ihn ins Krankenhaus bringen würde.

Während Eric in dieser Nacht auf dem kalten Fußboden in der Hütte eines chinesischen Christen lag, überlegte er, was er sagen sollte, wenn er am nächsten Tag irgendwelchen japanischen Soldaten begegnete. Wie konnte er erklären, dass er einen verwundeten chinesischen Soldaten transportierte? Eric konnte nicht einschlafen und schlug das chinesische Neue Testament auf, das er immer bei sich trug. Er hielt es gegen das Mondlicht, das durch das einzige Fenster in das Zimmer schien, und las Lukas 16,10: »Wer im Geringsten treu ist, ist auch in vielem treu.«

Eric fühlte sich wohler. Er wusste, dass er Gott treu war, indem er aufgebrochen war, um den verwundeten Mann ins Krankenhaus zu bringen. Deshalb vertraute er Gott, dass er ihn dabei auch beschützte.

Am nächsten Morgen brachte Erics Begleiter den Wagen vor den Tempel. Wie sehr unterschied sich der Ort jetzt von der Stille in der letzten Nacht! Nun herrschte geschäftiges Treiben. Es war das chinesische Neujahrsfest, und alle Dorfbewohner hatten ihre besten Kleider angezogen, sangen und verbrannten Weihrauch im Tempel.

Eric eilte die Stufen hinauf und fragte sich, wo die Menschen den verwundeten Soldaten wohl hingebracht hatten, während sie ihre Feier abhielten. Lag er draußen im eisig kalten Wind? Eric musste hinsichtlich der Antwort nicht lange suchen. Die Dorfbewohner hatten den Mann nirgendwo anders hingebracht! Der Soldat lag auf seinem Strohhaufen – genau dort, wo Eric ihn zurückgelassen hatte. Die Tempelbesucher beachteten ihn überhaupt nicht und bewegten sich um ihn herum, als wäre er gar nicht da. Dicke Weihrauchschwaden durchzogen die Luft, und Eric musste husten. Das war kein geeigneter Ort für einen schwachen, verwundeten Mann. Schnell schickte Eric die Tempelbesucher mit ihrem Weihrauch nach draußen. Zu überrascht, um zu widersprechen, gingen alle zur Tür hinaus. Eric folgte ihnen.

Die Menschen starrten den blauäugigen, blonden Mann an, der zu ihnen in ihrem Dialekt gesprochen und sie hinausgeschickt hatte. Eric hob seine Hand und begann zu sprechen. Er erklärte ihnen, wie schwierig es für eine kranke Person sei, in einem Raum voller Rauch zu atmen. Dann zitierte er einige

Bibelverse, die besagen, dass Gott letztlich keine Brandopfer will, sondern Menschen, die gerecht und barmherzig sind und demütig mit ihm leben. Danach gab er seinem Begleiter ein Zeichen. Gemeinsam gingen sie in den Tempel hinein und trugen den verwundeten Soldaten heraus. Sie legten den Mann auf den Wagen und machten sich auf den Weg zum Krankenhaus. Eric fuhr mit seinem Fahrrad nebenher, um darauf zu achten, dass es dem Mann gut ging.

Bald erreichten sie den nächsten Ort, Huo Chu. Dort liefen ihnen zwei Männer aus dem Dorf entgegen. »Halt! Sind Sie diejenigen mit dem verwundeten Mann?«, fragten sie.

Eric nickte.

»Es gibt noch einen Verwundeten hier in unserem Dorf. Können Sie ihn auch ins Krankenhaus mitnehmen?«, baten sie.

Eric stieg von seinem Fahrrad. »Was fehlt ihm denn?«, fragte er.

»Es war letzte Woche«, platzte der größere der beiden Männer heraus. »Die Japaner kamen durch das Dorf. Sie trieben sechs Männer zusammen und beschuldigten sie, Spione zu sein. Der Reihe nach ließen sie jeden Mann hinknien, und dann schlugen sie einem nach dem anderen mit einem Schwert den Kopf ab. Die ersten fünf gehorchten, aber der sechste kniete nicht nieder. Der Soldat, den die Japaner mit der Hinrichtung beauftragt hatten, stürzte sich auf ihn und schlitzte ihm mit seinem Schwert den Hals auf. Der Mann fiel zu Boden, und die Japaner dachten, er wäre tot. Als sie wieder weg waren, stellten wir fest, dass er noch lebt, aber er ist sehr schwer verletzt worden. Wir versteckten ihn in einem Haus, aber mehr können wir für ihn jetzt nicht tun. Werden Sie ihm helfen?«

Eric betrachtete den Wagen. Er war so groß, dass nur ein Mann darauf liegen konnte. Aber es war unwahrscheinlich, dass dieser andere Mann warten konnte, während Eric den verwundeten Soldaten ins Krankenhaus brachte und am folgenden Tag wieder zurückkam, um ihn zu holen.

»Ja, wir werden tun, was wir können. Bringen Sie uns zu ihm«, sagte er schließlich.

Zum zweiten Mal an diesem Tag fand sich Eric in einem dämmrigen Raum wieder und starrte einen schwer verletzten Mann an. Der Mann war ungefähr vierzig Jahre alt und ziemlich korpulent. Um seinen Hals und die untere Gesichtshälfte war ein schmutziger, blutverkrusteter Verband gewickelt. Der Mann konnte nicht sprechen, aber er beobachtete jede Bewegung, die Eric machte.

Eric wickelte den Verband ab. Eine tiefe blutrote Schnittwunde verlief von der einen Mundhälfte bis hinten an den Hals. Eric legte den Verband vorsichtig wieder an. Der Mann musste ganz offensichtlich in ein Krankenhaus, aber es würde keine einfache Reise für ihn werden.

Eric sprach ruhig mit dem verwundeten Mann. »Wir können Sie in ein Krankenhaus bringen. Leider haben wir nur einen kleinen Wagen. Es hat dort gerade ein einzelner Mann im Liegen Platz, und wir transportieren schon einen verwundeten Soldaten. Wir können Sie mitnehmen, aber Sie müssten auf der Achse des Wagens sitzen. Denken Sie, dass Sie kräftig genug dafür sind?«

Der Mann winkte, als wollte er Ja sagen. Dann versuchte er, sich von seinem Bett zu erheben. Eric hakte sich bei ihm unter und führte ihn langsam hinaus. Es würde eine holprige Fahrt über die bombenzerfurchten Straßen werden, aber Eric wusste, dass das baldige Erreichen des Krankenhauses für die beiden Verwundeten die einzige Hoffnung auf Genesung war.

Die Reise nach Siao Chang, für die man normalerweise drei Stunden brauchte, schien ewig zu dauern. Eric und sein Begleiter, der den Wagen zog, mussten ständig anhalten, um die Position der beiden Patienten zu korrigieren. Japanische Bomber kreisten nur ungefähr zwei Kilometer entfernt drohend am Himmel, wo sie höchstwahrscheinlich japanische Truppen auf ihrem Weg zum nächsten Dorf eskortierten, in dem es neue Opfer geben würde. Eric wusste, dass die Piloten ihn samt seinem Begleiter und den Verwundeten auf dem Wagen jederzeit entdecken konnten. Dieser Einsatz der Barmherzigkeit blieb jedoch unentdeckt, und schließlich erreichten sie gegen 16 Uhr das Krankenhaus, gerade als die Wintersonne unterging.

Das Krankenhauspersonal war schon bereit für die Operation. Zwei Tage später starb der kommunistische Soldat, den Eric aus dem Tempel herausgeholt hatte, trotz aller Anstrengungen. Die tiefe Schnittwunde des Mannes, dessen Hals aufgeschlitzt worden war, wurde jedoch wieder genäht, und bald befand er sich auf dem Weg zur völligen Genesung. Eric besuchte den Mann oft im Krankenhaus und fand heraus, dass er Künstler war. Eric bat daraufhin die Schwestern um Farben und Papier, und während der nächsten Wochen malte der Mann viele wunderschöne Blumenbilder, die er alle unbedingt Eric schenken wollte. Die Bilder waren das Einzige, womit der Mann sich bei dem Menschen bedanken konnte, der geholfen hatte, sein Leben zu retten.

Obwohl Eric dankbar war, dass das Leben dieses Mannes gerettet werden konnte, war er auch ein bisschen entmutigt. Während er geholfen hatte, das Leben eines einzigen Mannes zu retten, starben jeden Tag überall in der Großen Ebene Menschen bei den Kämpfen und aufgrund der harten Bedingungen, die sie ertragen mussten. Eric wünschte, er könnte mehr tun. Er sehnte sich nach einem Ende der Kämpfe und danach, dass alles besser werden würde. Doch bevor die Verhältnisse in China wieder besser wurden, steuerte das Land auf den Höhepunkt der Not zu.

MEHR KOHLE

Langsam begannen die Japaner, die Oberhand über die Große Ebene zu gewinnen. Sie zeigten einen gewissen Respekt für die Arbeit im Krankenhaus der Londoner Missionsgesellschaft, allerdings nicht allzu viel. Eines Nachts (kurz nachdem Eric den Mann mit dem aufgeschlitzten Hals geborgen hatte) brach ein gewaltiger Tumult auf der Männerstation des Krankenhauses aus. Eric schreckte aus dem Schlaf hoch. Er hörte den Lärm und sprang aus dem Bett, zog seine Kleider über seinen Pyjama und eilte hinaus, um zu sehen, was passiert war. Als er die Station erreichte, begegnete er Dr. McAll, der finster blickte.

»Was ist passiert?«, fragte Eric.

»Soweit wir feststellen können, sind einige Kommunisten über die Mauern des Krankenhausgeländes gesprungen und haben einen von den japanischen Soldaten gekidnappt, die hier in Behandlung sind, den einen mit der Schussverletzung am Bein«, sagte Dr. McAll.

Eric pfiff leise. »Wie lang ist das her?«

»Nicht mehr als fünf Minuten. Die Nachtschwester ist fürchterlich erschrocken. Sie schleppten ihn weg wie einen Sack Reis. Ich wünschte, sie würden das Krankenhaus nicht in eine Kampfzone verwandeln.« Dr. McAll seufzte und schüttelte den Kopf, während er weitersprach.

»Ich frage mich, was die Japaner tun werden, wenn sie herausfinden, dass einer ihrer Männer gefangen genommen wurde«, überlegte Eric.

Wie als Antwort auf seine Frage traf ein Kugelhagel von Maschinengewehren die Krankenhausmauern, und Eric konnte das Pfeifen von Mörserbomben hören. Eric und Dr. McAll sahen einander ungläubig an, die Augen weit aufgerissen.

»Das müssen die Japaner sein«, stieß Eric hervor. »Sie denken bestimmt, dass die Kommunisten immer noch irgendwo auf dem Krankenhausgelände sind.«

Dr. McAll drehte sich rasch zur Tür. »Ich werde versuchen, sie zu erreichen und den Kommandanten zu überzeugen, dass sie sich geirrt haben. Sehen Sie zu, was Sie für die Patienten tun können. Bringen Sie, wenn möglich, die in Fensternähe Liegenden von dort weg!«, rief er Eric über die Schulter zu.

Zu Erics großer Erleichterung hörte der Angriff zehn Minuten später genauso plötzlich auf, wie er begonnen hatte. Einige Minuten danach schlenderte Dr. McAll mit einem Lächeln auf seinem Gesicht wieder in das Krankenhaus. »Alles in Ordnung hier, nehme ich an?«, sagte er und sah Eric an.

Eric nickte und antwortete: »Ja, aber einige Patienten sind ganz schön wach geschüttelt. Wie ging es mit dem Kommandanten?«

»Wirklich sehr außergewöhnlich. Lassen Sie uns hinausgehen und den Schaden überprüfen, dann erzähle ich Ihnen alles«, sagte er. Als er die Tür hinter sich geschlossen hatte, berichtete Dr. McAll von seinen Erlebnissen. Er war zu einer kleinen Hütte direkt außerhalb des Geländes gebracht worden, wo ein japanischer Oberst auf einer Couch lag.

»Zunächst drehte er nicht einmal den Kopf zu mir, um mich anzusehen«, sagte der Arzt, »so begann ich, auf Chinesisch mit ihm zu sprechen, und hoffte dabei, seine Aufmerksamkeit zu erregen. Das funktionierte nicht, also versuchte ich es mit Pidgin-Englisch. Er ließ mich ein oder zwei Minuten sprechen, dann sprang er von der Couch auf und brüllte irgendetwas auf Japanisch. Die beiden Wachen, die mich zu ihm gebracht hatten, eilten aus dem Zimmer und schlossen die Tür hinter sich. Dann drehte sich der Oberst zu mir und sagte mit amerikanischem Akzent: ›Vergiss es, Kumpel!‹

›Sie sprechen also Englisch?‹, fragte ich. Er nickte und ließ seinen Kopf hängen. Er erzählte mir, dass seine Eltern aus Japan stammten, wenngleich er selbst in Kalifornien geboren und aufgewachsen sei. Obwohl er in den Vereinigten Staaten zur Welt kam, beschloss er, den Japanern dabei zu helfen, den Krieg in China zu gewinnen. Er war jedoch höchst unglücklich. Er sagte: ›Es geht hier nur noch ums Töten. Ich weiß nicht, wie ich aus diesem Schlamassel wieder herauskomme.‹«

Eric schüttelte müde seinen Kopf. »Es sind so viele Menschen in diesem Krieg gefangen, auf beiden Seiten. Ich wünschte, er wäre zu Ende.«

Aber der Krieg war zu diesem Zeitpunkt noch keineswegs zu Ende. Tatsächlich wurde er in dem Maße, wie eine Stadt nach der anderen von den Japanern erobert wurde, immer heftiger. Eric bekam regelmäßig Briefe von Flo, und es gab keine guten Neuigkeiten. Trotz der großen Anstrengungen der Stadtverwaltung war Tianjin nun fest unter japanischer Besatzung. Den Zeitungen wurde vorgegeben, was sie schreiben durften und was nicht, wobei die meisten Verkehrsmittel einschließlich der Eisenbahn und sogar die Post von den Japanern kontrolliert wurden. Um die Kosten für ihren Krieg zu bestreiten, importierten die Japaner riesige Mengen von Heroin nach China – eine gefährliche Droge, deren Suchtpotenzial enorm ist. Infolgedessen waren in Tianjin und anderen chinesischen Städten viele Menschen abhängig geworden.

Obwohl das alles in Tianjin geschah, erinnerte sich Eric

ständig selbst daran, dass Flo und die Mädchen dort viel sicherer waren als draußen in Siao Chang bei ihm.

Im Januar 1939 war das Krankenhaus in einer prekären Situation. Man befand sich gerade mitten in einem besonders strengen Winter. Das Krankenhaus besaß eine kohlebefeuerte Warmwasserheizung, aber die Japaner in der Umgegend beschlossen, die Kohlenvorräte des Krankenhauses zu stehlen, um es selbst warm zu haben. Ein Krankenhaus in der Großen Ebene von Nordchina kann im Winter ohne Heizung nicht lange arbeiten. Irgendetwas musste angesichts dieser Situation sofort unternommen werden.

Eric meldete sich freiwillig für den Auftrag, nach Tianjin zurückzukehren, wo die verantwortlichen Missionare arbeiteten, die von der Londoner Missionsgesellschaft für China eingesetzt worden waren. Er sollte das nötige Geld holen, damit das ersetzt werden konnte, was die Japaner gestohlen hatten. Eric wusste, dass es eine gefährliche Reise werden würde, die ihn durch jene Regionen führte, die von verschiedenen Armeen kontrolliert wurden. An einem bestimmten Ort musste er durch einen Landstrich reisen, den die Kommunisten besetzt hatten. Zusätzlich verliefen auf beiden Seiten dieses Gebiets Bahnlinien, die von den Japanern kontrolliert wurden.

Eric brach an einem Montagmorgen in aller Frühe auf und geriet fast augenblicklich in Schwierigkeiten. Er stand einer Gruppe von japanischen Soldaten gegenüber, die von ihm wissen wollten, wieso er als Fremder im tiefsten Winter in einer ländlichen Region Chinas unterwegs sei. Eric erklärte ihnen, wer er war, und die Soldaten lachten ihn alle aus. Er musste seine Schuhe und seine Jacke ausziehen, damit sie diese durchsuchen konnten. Sie fanden nichts, was sie interessierte, und schließlich ließen sie ihn gehen. Die gleiche Situation wiederholte sich jedoch bald, diesmal mit kommunistischen Soldaten. Das passierte einige Male mit verschiedenen Patrouillen, bevor Eric Tianjin erreichte. Eric fragte sich langsam, wie er es denn jemals schaffen würde, mit einer großen Geldsumme nach Siao Chang zurückzukehren. Die ersten Männer, die ihn durchsuchten, würden ihn sicherlich bestehlen.

Nachdem er einige Tage lang mit dem Zug, mit Wagen und auf Booten unterwegs gewesen war, bewältigte Eric endlich die über sechshundert Kilometer weite Reise nach Tianjin. Sicher dort angekommen, eilte er zuerst zu Flo und den Kindern. Es war ein wunderschönes Wiedersehen. Sie hatten einander seit acht Monaten nicht mehr gesehen. Die vierjährige Patricia zeigte ihrem Papa stolz, wie sie ihren Namen schreiben konnte, und die dreijährige Heather sang jedes Lied vor, das sie in der Sonntagsschule gelernt hatte. Eric liebte es, wieder daheim bei seiner Familie zu sein.

Am nächsten Tag ging Eric zum Sitz der Feldleitung, den die Londoner Missionsgesellschaft in Tianjin eingerichtet hatte. Dort berichtete er von der Situation im Krankenhaus und dem Geldbedarf für den Kauf neuer Kohle. Die Strategie des Feldleiters sah folgendermaßen aus: Statt das Geld nach Siao Chang zurückzubringen, um dort Kohle zu kaufen, sollte Eric lieber ein Fährschiff in südlicher Richtung nach Dezhou nehmen und sich dort darum kümmern. Dann sollte er einen Lastkahn anheuern und die Kohle auf den Flüssen und Kanälen nach Siao Chang schleppen lassen. Auf diesem Weg könnte er viel mehr Kohle für das gleiche Geld bekommen.

Eric verbrachte die beiden nächsten Tage mit seiner Familie. Am Anfang war Heather noch etwas schüchtern gewesen, aber bald nannte sie ihn Papa und kuschelte sich auf seinen Knien zusammen. Am Ende der beiden Tage brach es Eric fast das Herz, seine Familie wieder zu verlassen, aber er hatte keine Wahl. Das Krankenhaus brauchte Kohle zum Heizen, andernfalls würden viele Patienten sterben.

Erics Rückreise begann gut. Die Reise auf dem Fährschiff verlief ruhig, und Eric konnte in Dezhou eine ausreichende Menge Kohle kaufen und hatte sogar noch Geld übrig. Er heuerte einen Lastkahn an, und die Kohle wurde aufgeladen. Dann sprang er an Bord, sodass die Reise ins Binnenland beginnen konnte. Das Gebiet entlang dem Fluss war von verschiedenen Armeen besetzt, wobei jede Armee vom Flussverkehr, der an ihrem Standort vorbeikam, Zoll verlangte. Was von Erics Geld noch übrig war, begann schnell zu schwinden, weil er es für den Zoll ausgeben musste. Dann, während der ersten Nacht auf dem Lastkahn, verschwand auch etwas anderes: die Hälfte der Kohle! Banditen hatten sich damit davongemacht, während Eric schlief. Eric war enttäuscht, aber nicht bereit aufzugeben. In der folgenden Nacht griffen die Banditen jedoch wieder an. Diesmal wurde Eric mit vorgehaltener Waffe bedroht, während die Banditen den Rest der Kohle vom Lastkahn nahmen. Bevor sie wieder gingen, nahmen sie auch noch den Rest von Erics Geld. Eric hatte keine Wahl. Er verließ den Lastkahn und machte sich auf den Weg zurück nach Tianjin, um es erneut zu versuchen.

Dieses Mal hatte Eric beschlossen, überhaupt keine Kohle mitzubringen. Es würde besser sein, weniger Kohle für das gleiche Geld zu kaufen, wenn er ins Krankenhaus zurückkam, als mit einem Lastkahn ohne Kohle anzukommen. Eric war auch fest entschlossen, sich nicht wieder ausrauben zu lassen, daher versteckte er das Geld in einem ausgehöhlten Baguette, das unschuldig oben aus seinem Rucksack herausragte. Die Reise verlief ruhig bis ungefähr hundert Kilometer vor Siao Chang. Der Zug kam plötzlich mit einem Ruck zum Stehen. Eric und die anderen Passagiere kletterten hinaus, um zu sehen, worin das Problem bestand. Dabei hofften sie, dass es nichts Ernstes war. Es schneite nämlich, und sie wollten nicht lange aufgehalten werden. Eric konnte aufgrund des Schnees nicht allzu viel sehen, aber bald drangen Nachrichten nach hinten zu ihm durch, während er mit den Füßen stampfte, um sich warm zu halten. Es waren schlechte Nachrichten. Einige chinesische Bauern hatten die Bahnschienen zerstört, um es den Japanern heimzuzahlen. Sie hatten ein langes Schienenstück herausgerissen, sodass ein Güterzug am Ende der intakten Strecke entgleist war und nun als Schrotthaufen direkt vor ihnen lag.

Bald bestätigte ihnen der Zugführer, dass es wirklich so passiert war. Er teilte den Fahrgästen mit, dass der Zug zur letzten Station, an der sie vorbeigekommen waren, zurückfahren und darauf warten würde, bis die Schienen wieder repariert waren. Allerdings wusste niemand, wie lange das dauern würde. Wenn jemand von den Fahrgästen seine Reise fortsetzen wollte, musste er an den herausgerissenen Schienen entlanggehen und am anderen Ende auf einen anderen Zug warten, der sie dann in die Richtung bringen würde, in die sie fahren wollten. Eric wusste, dass er gehen musste; der Kohlemangel war inzwischen zu einem ernsten Problem geworden. Also schwang Eric seinen

Rucksack mit dem Baguette, das immer noch oben herausragte, auf seinen Rücken und wandte sich mit einem Dutzend anderer Fahrgäste in Richtung Schienen.

Eric zog den Kragen seines Wollmantels um sein Gesicht und wappnete sich gegen den schneidenden Wind. Der Schnee, der in seine Augen gepeitscht wurde, erschwerte die Sicht. Eric und die anderen Fahrgäste gingen in einer Reihe und folgten den kleinen Erhebungen der Eisenbahnschwellen, die im Schnee sichtbar waren. Sie gingen immer weiter, Kilometer um Kilometer.

Zehn Kilometer weiter erreichten sie schließlich das Ende der zerstörten Strecke. Sie erkannten jedoch, dass sie weitergehen mussten, bis sie zu einer Bahnstation kamen. Es hatte keinen Sinn, hier auf einen Zug zu warten. Wäre dieser nämlich bis ans Ende des noch intakten Schienenstücks gefahren, hätte er ebenfalls entgleisen und wie der Güterzug beschädigt werden können. Daher gingen Eric und die anderen weiter, bis sie zu einer Bahnstation kamen, wo der Zug halten würde und sie dem Lokführer mitteilen konnten, dass er umkehren musste. Es waren weitere fünf Kilometer bis zur Station. Es wurde immer kälter, und die Nacht begann schon hereinzubrechen, als sie an der Station ankamen. Es war aber keine Bahnstation jener Art, wie Eric es erhofft hatte. Da gab es kein Gebäude als Unterstellmöglichkeit – nur ein Schild und einen Bahnsteig.

Eric und seine Gefährten sanken auf dem Bahnsteig zu Boden. Sie drängten sich aneinander, um sich warm zu halten, und blickten immer wieder die Bahnschienen entlang, indem sie hofften, einen Zug zu sehen. Sie mussten die ganze Nacht hindurch bis ungefähr zum Mittag des folgenden Tages warten, bevor sie schließlich das unverkennbare Rumpeln einer Dampflok durch die Stille der schneeverhangenen Landschaft hörten.

Der Zug hielt neben dem Bahnsteig. Der Lokführer war überrascht, eine Gruppe zusammengedrängter, schneebedeckter Menschen zu sehen. Es überraschte ihn allerdings nicht, als er von den herausgerissenen Schienen hörte. Eine Armee braucht stets Nachschub. Wenn man die Schienen zerstörte, um die Züge daran zu hindern, in Frontnähe zu kommen, konnte man auf einfache Weise den Japanern schaden.

Eric kletterte in den Zug und ließ sich in einen Sitz fallen. Er wollte nur noch zurück zum Krankenhaus, damit er schlafen konnte. Der Zug fuhr los, und drei Stunden später erkannte Eric die Station von Siao Chang. Er war sicher zurückgekommen – mit dem ganzen Geld. Von der Station aus mietete er einen Wagen, der ihn zum Krankenhausgelände brachte.

Im Krankenhaus griff Eric in seinen Rucksack und zog das Baguette heraus. Er riss es auf, und ein Bündel Geld fiel heraus. Nachdem er es gezählt hatte, übergab er es stolz dem Leiter des Krankenhauses. Es war eine schwierige Aufgabe gewesen, aber Eric hatte sein Ziel erreicht.

Ja, er hatte so gute Arbeit geleistet, dass er gebeten wurde, das Ganze noch einmal zu tun. Zwei Tage später also saß Eric auf einem Eselskarren auf dem Weg zurück nach Tianjin. Diesmal war sein Auftrag, dringend benötigte medizinische Güter für das Krankenhaus zu sammeln.

Obwohl er noch erschöpft war von der Anstrengung der vorherigen Reise, war Eric begeistert. Er konnte es kaum erwarten, wieder nach Tianjin zu kommen. Bevor er sich auf den Weg machte, hatte ihm der Leiter des Krankenhauses für die Zeit nach Erledigung dieses Auftrags freigegeben. Er konnte also einen lang ersehnten Heimaturlaub mit Flo und den Mädchen nehmen, sobald die Bedarfsmaterialien sicher ins Krankenhaus gelangt waren. Eric wartete ungeduldig, Flo die guten Nachrichten mitzuteilen. Wie wunderbar würde es sein, ein Jahr fernab von den fortwährenden Belastungen zu verbringen, die der Krieg mit sich brachte.

Eric schmiedete schon Pläne für den Heimaturlaub, während er auf seinem Eselskarren vorwärtsrumpelte. Aber er hatte damals keine Ahnung, dass man weit davon entfernt war, den Krieg hinter sich zu lassen. Während ihres Heimaturlaubs würden er sowie Flo und die beiden Mädchen mit einem weiteren Krieg konfrontiert werden – einem anderen Krieg, der alle vier beinahe das Leben kosten sollte.

ÜBER DEN OZEAN

»Ist die ganze Welt im Krieg?«, fragte Florence Liddell ihren Ehemann, während sie auf den Eingangsstufen zum Haus ihrer Eltern in Toronto (Kanada) saßen.

»Es sieht fast so aus«, antwortete Eric und legte den Arm um seine Frau. Sie blickten auf ihre beiden Töchter, die im Garten ihrer Großmutter fröhlich spielten.

Eric seufzte tief. Er war in Kanada gerade rechtzeitig angekommen, um die schlimmstmöglichen Neuigkeiten zu erfahren. Am 3. September 1939 hatten Großbritannien und Frankreich Deutschland den Krieg erklärt, womit jener militärische Konflikt begann, der sich schließlich zum Zweiten Weltkrieg ausweitete. Sieben Tage später hatte Kanada Deutschland den Krieg erklärt. Während Eric in der heißen Nachmittagssonne auf den Stufen saß, kam es ihm vor, als ob sein ganzes Leben vom Krieg bestimmt sei: Die Nachwirkungen des Boxeraufstands waren noch zu spüren, als er geboren wurde; der Erste Weltkrieg fand statt, während er zur Schule ging; und der Zweite Japanisch-Chinesische Krieg tobte die meiste Zeit seines Lebens als verheirateter Mann. Und nun gab es einen neuen Krieg in Europa.

Zumindest gab es in Kanada keine bedrohlichen Kämpfe. Daher beschloss Eric, Flo und die Kinder für einige Monate allein zu lassen, während er nach Großbritannien fuhr. Dort wollte er der Zentrale der Londoner Missionsgesellschaft einen ausführlichen Bericht über seine Arbeit in China geben und dann die erwarteten öffentlichen Vorträge in Kirchen und Vereinen halten. Danach sollten Flo, Patricia und Heather ihn in Schottland treffen, um die übrigen fünf Monate gemeinsam auszuruhen und die Zeit mit Erics Mutter, Jenny und Ernest zu verbringen.

Alles lief wie geplant. Bevor Eric nach London reiste, besuchte er seine Mutter in Edinburgh. Er meinte, dass sie sich verändert hatte, und umgekehrt war Mary Liddell in Bezug auf ihren Sohn der gleichen Ansicht. Eric war betroffen, dass seine Mutter deutlich gealtert war, seit er sie vor neun Jahren zum letzten Mal gesehen hatte. Seine Mutter hatte nun weißes Haar und schien kleiner als je zuvor zu sein. Sie freute sich, Eric wiederzusehen und die Neuigkeiten über seine Familie zu hören. Obwohl Eric ihr jede Woche geschrieben und die meisten Dinge schon in Briefen mitgeteilt hatte, war es etwas anderes, Neuigkeiten in der Familie persönlich auszutauschen. Sie meinte, dass sich Erics Haar mehr als je zuvor gelichtet habe, und scherzte, dass Erics Kahlköpfigkeit am Ende vermutlich doch nicht von dem häufigen heißen Duschen herrührte. Außerdem fiel ihr auf, dass er ruhiger war als bei seinem letzten Heimaturlaub. Als sie allerdings erfuhr, was er in Siao Chang erlebt hatte, verstand sie, woran das lag. In einem Kriegsgebiet zu leben, war sehr ernüchternd. Sie selbst hatte während der Verwüstungen des Boxeraufstands in China gelebt.

Die Zeit ging rasch vorüber. Eric war noch genauso populär wie eh und je; allerdings verhielten sich die Menschenmengen, die sich in Schottland, England und Wales bei seinen Vorträgen versammelten, anders als neun Jahre zuvor. Sie hörten aufmerksam zu, als er von seinen Kriegserfahrungen erzählte. Dabei fragten sie ihn, wie es war, unter Besatzung zu leben, und wie die Feinde ihn behandelt hatten. Eric beantwortete ihre Fragen, so gut er konnte, weil er spürte, dass sie nach Antworten für ihre Zukunft suchten. Niemand konnte wissen, was Adolf Hitler, der Führer von Nazideutschland, als Nächstes tun würde.

Hitlers Truppen hatten schon große Gebiete in Europa überrollt und besetzt, und die Menschen in Großbritannien fragten sich, ob ihr Land womöglich zu den nächsten Angriffszielen gehören würde.

Im März 1940 kamen auch Florence und die Mädchen. Sie verbrachten fünf wunderschöne Monate in Schottland. Oma Liddell lernte nun auch ihre beiden Enkeltöchter kennen. Sie liebte es, ihnen vorzulesen und sie »richtig zu bemuttern«. Inzwischen nahm Tante Jenny ihre beiden Nichten zum Stoffkaufen mit und nähte ihnen beiden neue Kleider für die Rückreise nach China.

Während sie zu Hause waren, war die Familie auch zur Hochzeit von Elsa McKechnie eingeladen. Es war ein wunderbarer Tag voller schöner Erinnerungen für Eric. Das Schulmädchen, das einst den offiziellen »Eric-Liddell-Fanklub« gegründet hatte, war nun eine verheiratete Frau.

Schließlich kam der Zeitpunkt, wieder nach China zurückzukehren. Das war der schwerste Abschied, den Eric je nehmen musste. Seine Mutter stand bereits im vorgerückten Alter, und er hatte das eigenartige Gefühl, dass er sie nicht mehr wiedersehen würde. Die Mädchen hatten ebenfalls die Zuwendung ihrer Verwandtschaft genossen, und niemand wusste, wie das Land bei ihrem nächsten Heimaturlaub aussehen würde.

Auf ihrer Rückreise nach China wollten die Liddells mit einem Schiff den Atlantik überqueren, einen Hafen in Nova Scotia (Kanada) anlaufen und dann mit dem Zug nach Toronto fahren, um sich von Flos Eltern zu verabschieden. Von dort beabsichtigten sie, mit dem Zug quer durch Kanada an die

Pazifikküste weiterzufahren, um danach ein anderes Schiff zu nehmen, mit dem sie den Pazifischen Ozean überqueren und wieder nach China gelangen würden. Es gab jedoch ein Problem. Seit sich Großbritannien mit Deutschland im Kriegszustand befand (insbesondere seit 1940), war kein Schiff mehr sicher, das den Atlantik überquerte. Deutsche U-Boote hatten die Anweisung, jedes Schiff zu versenken, das unter britischer Flagge fuhr – ganz gleich, ob es ein Kriegsschiff oder das Handelsschiff einer Reederei war. Deutsche U-Boote hatten schon viele britische Schiffe versenkt.

Nachdem eine Überquerung des Atlantiks solch eine riskante Angelegenheit geworden war, hatte man zwei wichtige Sicherheitsmaßnahmen getroffen. Erstens fuhren nun alle Schiffe in Konvois (Geleitzügen), d. h. große Gruppen von Schiffen waren zusammen unterwegs. Dadurch konnten sich die Schiffe unterstützen, wenn es darum ging, nach U-Booten Ausschau zu halten und Überlebende von einem Schiff zu retten, das unglücklicherweise torpediert wurde. Zweitens wurden alle Konvois von Kriegsschiffen der Royal Navy eskortiert, bis sie so weit von der Küste Großbritanniens entfernt waren, dass sie sich außerhalb der Reichweite deutscher U-Boote befanden. Diese feindlichen U-Boote hatten nämlich meist nicht die entsprechende Ausrüstung an Bord, um sich weiter als mehrere Hundert Seemeilen von der Küste entfernen zu können.

Die Familie Liddell fuhr also nach Liverpool, wo sie ein kleines Schiff bestieg, das sie über den Atlantischen Ozean bringen sollte. Dreihundert weitere Passagiere und die Besatzung waren ebenfalls an Bord. Eric betrachtete das Schiff genau, während er die Landungsbrücke erklomm und an Bord ging. Das Schiff sah seetüchtig aus und war vielleicht so klein, dass es dem Torpedo eines U-Bootes besser ausweichen konnte als ein großer Ozeandampfer.

Fünfzig Schiffe fuhren im Konvoi, und es dauerte eine Weile, bis sich alle zu einer Flottille gesammelt hatten. Die Schiffe bildeten fünf Reihen zu je zehn Schiffen. Das Schiff der Liddells befand sich fast am hinteren Ende der mittleren Reihe. In dieser Formation steuerten alle Schiffe durch die Irische See, um die Südküste von Irland herum und hinaus auf den Atlantik. Ihre Eskorte, die aus Kriegsschiffen der Royal Navy bestand, dampfte neben den beiden äußeren Reihen her.

Als sie in ihrer ersten Nacht nach dem Abendessen noch draußen saßen, staunte Eric, wie seltsam es war, im Konvoi zu fahren. Jedes Mal, wenn er bisher mit einem Schiff unterwegs gewesen war, hatte das Schiff die weite Strecke über den Ozean ganz allein zurückgelegt. Einige Male hatte Eric während der gesamten Reise kein anderes Schiff gesehen. Aber hier befand er sich nun auf einem Schiff, das von vielen anderen Schiffen umgeben war. Man konnte den Eindruck haben, als wären sie Teil einer schwimmenden Stadt.

Eric und Flo hatten gerade die Mädchen in ihre Schlafkojen gebracht, als sie einen heftigen Stoß spürten und das Schiff erzitterte. Flo blieb bei den Mädchen, während Eric an Deck hinauflief, um zu erfahren, was passiert war, obwohl er es schon ahnte. An Deck wimmelte es von Passagieren, die alle die gleiche Frage hatten. Schließlich versammelten sie sich im Speisesaal, wo der Erste Offizier dazukam. Der Offizier verkündete, was für den Kapitän feststand: Das Schiff war von einem Torpedo getroffen worden, der allerdings aus irgendwelchen

Gründen nicht explodiert war. Der Kapitän glaubte nicht, dass das Schiff durch den Blindgänger einen wesentlichen Schaden davongetragen hatte. Dennoch war die Besatzung für alle Fälle auf Alarmstufe Rot gegangen. Alle Schiffe des Konvois begannen nun mit Zickzackmanövern. Eric wusste, dass Schiffe bei feindlichen Angriffen im Zickzack fuhren, damit ihre Ortung durch den Feind erschwert wurde. Er rannte wieder unter Deck, um Flo die Neuigkeiten mitzuteilen.

In dieser Nacht passierte nichts weiter, aber zwei Tage später erhielten sie beim Aufstehen schlechte Nachrichten. Eines der Schiffe am Ende des Konvois war während der Nacht gesunken. Im weiteren Verlauf des Morgens beobachteten alle an Bord still, wie die Kriegsschiffe der Royal Navy, die sie in den Atlantischen Ozean hinausbegleitet hatten, den Konvoi verließen und wieder Richtung England fuhren. Die Flottille bestand jetzt aus neunundvierzig Schiffen, die allein auf einem Ozean unterwegs waren, der aufgrund der Aktionen feindlicher U-Boote viele Gefahren bot. Jeder hoffte jedoch, dass sie nun außerhalb der Reichweite der Deutschen waren.

Langsam bewegte sich der Konvoi vorwärts. Die See war rau geworden, was es schwierig machte, U-Boote zu entdecken. Jeder an Bord wusste das. Um 11 Uhr hörten die Passagiere und die Besatzung ein lautes Krachen. Als sie in jene Richtung blickten, aus der das Geräusch kam, sahen sie eine schwarze Rauchwolke über den Wellen aufsteigen. Das Schiffshorn begann zu ertönen, und jeder an Deck wusste, was das Signal bedeutete. Die Passagiere beeilten sich, ihre Rettungsjacken zu holen. Eric und Flo bemühten sich, Patricia und Heather ihre Jacken anzuziehen. Obwohl das Schiff Rettungsjacken in Kindergrößen hatte, waren diese immer noch viel zu groß für Patricia und Heather, sodass ihre Arme von den Seiten abstanden.

Eine halbe Stunde später saßen alle Passagiere in geordneten Reihen an Deck vor den Rettungsbooten – bereit, das Schiff sofort zu verlassen. Der gesamte Konvoi fuhr im Zickzack und versuchte, dem U-Boot auszuweichen, das weiter draußen als erwartet im Atlantik patrouillierte. Bald verbreitete sich die Nachricht unter den Passagieren und der Besatzung, dass das Schiff am Ende ihrer Reihe gesunken war. Der Torpedo hatte das Schiff vermutlich am Heizkessel getroffen, da das Schiff explodiert und in weniger als zwei Minuten untergegangen war. Angesichts dieser kurzen Zeit konnte niemand mehr gerettet werden.

Die Passagiere saßen drei Stunden lang an Deck, bis der Kapitän Entwarnung gab. Sie durften dann den Speiseraum zum Mittagessen betreten. Kaum hatte Eric Heather in ihren Hochstuhl gehoben, als das Schiffshorn erneut ertönte. Jemand schrie, dass der Funkoffizier eine Nachricht erhalten hatte, dass ein weiteres Schiff von einem Torpedo getroffen war, und jedermann eilte wieder zu den Rettungsbooten. Eric und Flo versuchten, ihre Kinder ruhig zu halten. Weil alles auf dem Schiff und alle Abläufe an Deck für die Mädchen neu waren, fanden sie es überhaupt nicht komisch, in Reihen an Deck zu sitzen. Eric lächelte, während er mit Patricia spielte; soweit sie wusste, konnte dies genau das sein, was man normalerweise an Bord eines Schiffes tat!

Zu diesem Zeitpunkt hatte Eric den Eindruck, dass den Schiffen bei der Weiterfahrt im Konvoi größere Gefahr drohte als bei dem Versuch, die restliche Strecke auf dem Ozean allein zu bewältigen. Offenbar waren sich auch die Kapitäne der verbliebenen Schiffe darüber einig, denn ungefähr um 15 Uhr erhielten alle Schiffe Bescheid, dass sie die Formation auflösen sollten. Nun musste sich jedes Schiff einzeln auf den Weg nach Kanada machen.

Die Familie Liddell saß zusammen mit den anderen Passagieren an Deck und sah zu, wie die Schiffe davondampften, die sie die letzten eineinhalb Tage backbord und steuerbord flankiert hatten. Bald war kein einziges Schiff mehr in Sicht. Alle saßen um 18 Uhr immer noch an Deck, als eine weitere Nachricht beim Schiffsfunk einging. Das Schiff, das auf der Backbordseite gefahren war, war torpediert worden und sank nun. Flo drückte Erics Hand, als die Passagiere die Nachricht hörten. Sie und Eric wussten, dass es auch ihr Schiff hätte sein können, das getroffen wurde und sank.

Zehn Minuten später erhielten sie fast die gleiche Nachricht, nur war es dieses Mal ein anderes Schiff, das torpediert worden und gesunken war. Eric begann sich zu fragen, ob er und seine Familie alle auf hoher See sterben sollten. Ihr Schiff dampfte Stunde um Stunde und bemühte sich, mit voller Kraft die Gefahrenzone hinter sich zu lassen. Der Kapitän hoffte, dass er dem letzten U-Boot entkommen war, aber er konnte nicht sicher sein. Die Passagiere mussten daher an Deck übernachten, vollständig angezogen und in ihren Rettungsjacken. Sie bekamen noch einige Minuten, um aus ihren Kabinen Decken und Kissen zu holen. Es wurde eine lange Nacht. Die See war immer noch rau, und das Schiff schlingerte von einer Seite zur anderen, während es versuchte, den Zickzackkurs beizubehalten.

Am nächsten Morgen war das Meer ruhiger, und alle fühlten sich etwas sicherer. Das Schiff war nun beträchtlich außerhalb der U-Boot-Reichweite. Nur große hochseetüchtige Unterseeboote konnten das Schiff nun noch torpedieren, aber diese waren äußerst selten so weit nördlich im Atlantik anzutreffen.

Drei Tage später war der kanadische Erntedanktag. An diesem Morgen bat der Kapitän Eric, einen besonderen Gottesdienst abzuhalten. Jeder an Bord hatte viele Gründe zum Danken. Das Schiff war immer noch auf See und nun nicht mehr weit vom Ziel entfernt.

An diesem Morgen wachten Patricia und Heather mit roten Flecken im Gesicht auf. Sie hatten Masern. Das bedeutete weitere Komplikationen für die Familie, weil Menschen, die in Kanada einreisten, zuerst unter Quarantäne gestellt werden mussten, wenn sie krank waren. Als das Schiff schließlich in Nova Scotia anlegte, musste die Familie zunächst eine Rotkreuzstation aufsuchen, statt sofort zu Flos Eltern weiterreisen zu können. Weil es keine Schlafstellen auf der Station gab, mussten die Liddells wieder in ihren Kleidern schlafen. Am nächsten Morgen wurden sie entlassen und erhielten die Erlaubnis, nach Toronto zu fahren.

Die Familie machte einen kurzen Besuch bei Flos Eltern in Toronto. Die Liddells wären gern länger geblieben, aber sie wurden Ende Oktober in China zurückerwartet. Mr und Mrs MacKenzie versuchten nicht, ihre Tochter und ihren Schwiegersohn davon abzubringen, nach China zurückzukehren, sie sorgten sich jedoch um ihre Sicherheit. Wie sie von ihren Missionarsfreunden, die immer noch dort lebten, gehört hatten, wurde die Situation in China gleichsam mit jedem neuen Tag gefährlicher.

FEINDE

Jenes Siao Chang, in das Eric Ende Oktober 1940 zurückkehrte, war nicht der gleiche Ort, den er ein Jahr zuvor verlassen hatte. Eine hohe Mauer umgab nun den gesamten Ort, der Tag und Nacht von Wachen kontrolliert wurde. Die Japaner hatten beschlossen, Siao Chang zu besetzen und daraus eine Garnison und Kommandozentrale für den Straßenbau in dieser Gegend zu machen.

Bis zu dieser Zeit waren die Straßen, die die einzelnen Dörfer in der Großen Ebene miteinander verbanden, eng, kurvenreich und ungepflastert. Sie führten um Gärten und alte Friedhöfe herum, wie dies seit langer Zeit der Fall gewesen war. Friedhöfe waren für die Chinesen in der Großen Ebene sehr wichtig. Die Menschen pflegten und schützten sie nämlich sorgfältig, doch die Japaner hatten andere Pläne: Gerade, gepflasterte Straßen in der gesamten Großen Ebene waren nützlich, um ihre Truppen schneller von einem Ort zu einem anderen zu bringen und die Versorgung zu beschleunigen. Solche neuen Straßen sollten so breit und eben sein, damit man sie mit Kraftfahrzeugen statt der üblichen Wagen, die mit Mauleseln bespannt waren, befahren konnte. Die Japaner hofften, mithilfe von motorisierter Artillerie, Armeefahrzeugen und Panzern den Krieg zu gewinnen. Alle arbeitsfähigen Männer, Frauen und Kinder in Siao Chang wurden gezwungen, beim Straßenbau mitzuhelfen. Sie schaufelten Dreck und bewegten riesige Steine mit bloßen Händen. Die Arbeit forderte ihren Tribut und wurde nur mit äußerstem Widerwillen getan. Während die japanischen Wachen Karten spielten und sich gegenseitig Witze erzählten, mussten ihre chinesischen Zwangsarbeiter Straßen bauen, ohne dabei auf die heiligste

Eric Liddell bei einem Aufenthalt in Siao Chang. Das Foto entstand zu Beginn des Zweiten Weltkriegs während eines seiner Einsätze für Not leidende Chinesen im japanisch besetzten Teil des Landes.

Sache ihres Lebens – die Gräber ihrer Vorfahren – Rücksicht nehmen zu können.

Eric fühlte sich elend, als er hörte, was die Japaner getan hatten. Die Chinesen brauchten nun, da er zurückgekommen war, mehr als je zuvor gute Nachrichten. Irgendwie mussten sie angesichts einer solch grausamen Behandlung und eines derartigen Hasses einen Sinn in ihrem Leben finden. Eric wusste, dass die Wahrheit der Evangeliumsbotschaft ihnen diesen Sinn geben konnte.

Manches ging jedoch so »normal« weiter wie bisher. Ehen wurden geschlossen, Kinder geboren und Beerdigungsgottesdienste abgehalten. Bald nach seiner Rückkehr war Eric zu einer Hochzeit in ein benachbartes Dorf eingeladen. Das Hochzeitspaar kannte er gut. Die Zeremonie war schön, und die Hochzeitsfeier ließ das Krachen schwerer Artillerie in nur einem Kilometer Entfernung außer Acht. In der Hochzeitsfreude wurde die Welt außerhalb dieses Geschehens für einige Stunden ignoriert.

Eric hatte eigentlich vorgehabt, im weiteren Verlauf des Abends nach Siao Chang zurückzufahren, sobald die Hochzeitsfeier vorüber war. Als er jedoch erfuhr, dass eine kommunistische Truppeneinheit mit einem Großaufgebot in der Nähe war, beschloss er, im Dorf zu übernachten. Am nächsten Morgen machte er sich mit seinem Fahrrad auf den Weg nach Hause. Ein Freund, der ebenfalls auf der Hochzeit gewesen war, begleitete ihn. Sie befanden sich ungefähr auf halber Strecke nach Siao Chang, als Eric das Pfeifen von Gewehrkugeln um sich herum hörte. Sofort machte er eine Vollbremsung und rief seinem Freund zu, das Gleiche zu tun. Beide Männer sprangen von ihrem Fahrrad, während noch mehr Kugeln um sie herumsausten. Dann hörte der Kugelhagel plötzlich auf. Eric und sein Freund hörten im Gebüsch neben der Straße ein Rascheln, und einige chinesische Männer krochen verlegen hervor. Sie begannen, sich sofort bei Eric und seinem Freund zu entschuldigen. Offenbar hatten sie die beiden auf ihren Fahrrädern irrtümlich für Angehörige der japanischen Armee gehalten. Als Eric und sein Freund dann von ihren Fahrrädern gesprungen waren, konnten die chinesischen Männer gut genug sehen, dass sie sich geirrt hatten. Daraufhin stellten sie das Schießen ein. Nachdem sich die Schützen entschuldigt hatten, fuhren Eric und sein Freund weiter. Während er so dahinfuhr, dachte Eric über das Vorkommnis nach. Mittlerweile war niemand mehr sicher. Bei einer so simplen Angelegenheit wie der Heimfahrt von einer Hochzeit konnte ein Mensch getötet werden. Eric war nur froh, dass die chinesischen Männer so schlechte Schützen waren!

Eric schrieb oft Briefe an Flo, die mit den Mädchen in Tianjin war. In seinen Briefen versuchte er, ihr zu erklären, wie sich die Dinge in Siao Chang verändert hatten und für wie notwendig er seine missionarische Arbeit hielt. »Ich gehe nun nach Südwesten in ein Gebiet, das ich nie zuvor besucht habe. Wenn ich draußen bin, geht es die ganze Zeit nur ums Geben und darum, die Menschen kennenzulernen und ihnen eine Botschaft der Ermutigung und des Friedens in einer Zeit zu bringen, in der es keinen äußerlichen Frieden gibt«, schrieb er in einem Brief an Flo.

Je mehr die japanischen Streitkräfte mit ihrem Straßenbau vorankamen, desto übler wurde ihr Verhalten. Die Offiziere schienen sich nicht mehr darum zu kümmern, ihre Truppen in Ordnung zu halten. Betrunkene Soldaten torkelten in das Krankenhaus und trugen lange Schwerter, die bedrohlich an ihren Seiten blitzten. Dabei schikanierten sie Patienten oder Krankenschwestern. Viele Dörfer um Siao Chang waren in Grund und Boden gebombt, wobei immer wieder verletzte und sterbende Menschen ins Krankenhaus gebracht wurden. Weil so viele Menschen medizinische Hilfe brauchten, musste Eric in den Dienst als Hilfskrankenpfleger treten. Er lernte, wie man

Operationsbesteck auskocht, um es zu sterilisieren, und wie man professionell Verbände wechselt. Trotz aller Schwierigkeiten arbeitete er gern im Krankenhaus. Dadurch hatte er Zeit, seinen Glauben gegenüber den Patienten zu bezeugen. Es gab allerdings auch Gefahren.

Eines Tages ging Annie Buchan, die Oberin des Krankenhauses, in den Operationssaal, weil sie einen Arzt suchte. Sie fand ihn an einer Wand festgebunden, wobei ein japanischer Soldat ihn mit einem Schlagstock traktierte. Ohne nachzudenken, stürzte Annie auf ihn zu. »Ich brauche diesen Arzt«, forderte sie laut.

Erschrocken darüber, von einer kleinen weißen Frau auf diese Art angesprochen zu werden, trat der Soldat zurück und stürmte dann aus dem Zimmer. Annie kümmerte sich um die Kopfwunden des Arztes. Obwohl diese Situation »gut« ausgegangen war, begann sich die Krankenhausbelegschaft (Eric eingeschlossen) zu fragen, wie es mit ihrer Sicherheit auf lange Sicht bestellt war, nachdem die Situation um sie herum weiterhin schlechter wurde.

Fünf Monate, nachdem Eric wieder in Siao Chang eingetroffen war, verfügten die Japaner, dass alle Ausländer das Gebiet verlassen mussten. Das Krankenhaus, das alle Hilfe suchenden Menschen (auch japanische Soldaten) behandelt hatte, musste geräumt werden. Die Missionare bekamen zwei Wochen Zeit, den Ort zu verlassen. Ihnen wurde gesagt, dass sie nichts mitnehmen durften. Als die Missionare gingen, händigten sie die Schlüssel des Krankenhauses an die Japaner aus und fragten sich, was nun mit den kranken und verwundeten Menschen der ganzen Gegend geschehen würde, wenn sich niemand mehr um sie kümmerte. Es war offensichtlich, dass die Japaner das Gebäude nicht mehr als Krankenhaus eröffnen wollten. Tatsächlich ist es nie wieder als solches genutzt worden. Einige Monate später wurde das Gebäude niedergebrannt.

Die Mitarbeiter der Londoner Missionsgesellschaft von Siao Chang zerstreuten sich. Einige, wie Erics Bruder Robert und seine Familie, nahmen lange überfälligen Heimaturlaub, während von den Übrigen etliche in verschiedene andere Krankenhäuser und Kliniken gingen, um dort zu arbeiten. Einige, wie Eric, reisten nach Tianjin. Dort führte Eric ein langes Gespräch mit Flo. Es war offensichtlich, dass die Japaner gegenüber Europäern immer feindseliger wurden, und Eric glaubte nicht, dass es für Flo sicher war, noch länger in China zu bleiben. Dazu kam, dass sie nun ihr drittes Kind erwartete. Es gab auch Gerüchte, dass die Japaner alle Ausländer in Internierungslagern festsetzen wollten. Eric konnte den Gedanken nicht ertragen, dass seine Frau unter solchen Umständen entbinden sollte. Zuerst sträubte sich Flo dagegen, am Ende aber stimmte sie Eric zu. Es war für sie und die Mädchen viel sicherer daheim in Kanada. Wenn der Krieg endlich vorbei war, wollte sie nach China zurückkommen.

Flo und seine Töchter auf das Schiff zu begleiten, das sie nach Kanada bringen sollte, war die wahrscheinlich schwierigste Aufgabe, die Eric je in seinem Leben bewältigen musste. Die fünfjährige Patricia sprang neben ihm her, während sie die Landungsbrücke hinaufkletterten, und Heather grinste ihn breit an, als er sie auf die obere Koje in ihrer Kabine hob. Bevor Eric und Flo genug Zeit hatten, sich alles Übrige mitzuteilen, was sie einander noch sagen wollten, ertönte schon die Schiffspfeife. Das war das Signal für alle Besucher, dass sie das Schiff verlassen mussten, damit die Landungsbrücke eingezogen und das Schiff zum Auslaufen fertig gemacht werden konnte.

Eric saß auf der unteren Koje und zog Patricia auf seine Knie. Er sah in ihre großen blauen Augen, die den seinen fast glichen. »Nun, Tricia«, sagte er, während er die Tränen unterdrücken musste, »ich möchte, dass du auf Mama aufpasst und ihr hilfst, wenn sie sich um Heather und das neue Baby kümmert.«

Patricia umarmte ihn. »Ja, Papa, ich werde auf Mama aufpassen, bis du wieder zurück bist«, sagte sie tapfer.

Flo drehte sich um, damit die Kinder ihre Tränen nicht sehen konnten.

Sie hielten sich alle an den Händen und gingen schließlich wieder an Deck, wo Eric sich mit einem Kuss von seiner Frau verabschiedete. Er umarmte sie ein letztes Mal und flüsterte ihr ins Ohr: »Die, die Gott lieben, sehen sich niemals zum letzten Mal.«

Flo nickte, während sie mit den Tränen kämpfte. Sie wusste, dass sie stark sein musste – für Eric und für die Kinder.

Nachdem das Schiff abgelegt hatte, kehrte Eric schweren Herzens nach Tianjin zurück. Er war davon überzeugt, dass er die richtige Entscheidung getroffen hatte, denn seine Frau und die Kinder waren nun in Sicherheit. Der Abschied war jedoch schwergefallen, weil er nicht wusste, wann er sie wiedersehen würde. Weil er nicht nach Siao Chang zurückkehren konnte, blieb Eric bei einem Lehrer aus der anglochinesischen Schule. Wieder einmal wohnte er in der französischen Konzession, wo er mehrere glückliche Jahre mit seinen Eltern und seiner

Familie verbracht hatte, als er das erste Mal nach China zurückgekommen war.

Eric kam nicht zurück, um zu unterrichten. Das Schuljahr an der anglochinesischen Schule hatte bereits begonnen, und die Schule brauchte keine zusätzlichen Lehrer. Weil Eric erstmals seit langer Zeit keine spezielle Aufgabe hatte, beschloss er, einen Traum zu verwirklichen, den er schon seit langer Zeit gehabt hatte. Es gab wenig schriftliches Material auf Chinesisch, um die einheimischen Pastoren anzuleiten, wie sie ihre Gemeinden gut führen konnten. Eric wollte ein einfaches Handbuch schreiben, das eine solche Anleitung bieten sollte. Er begann sein *Manual of Christian Discipleship (Handbuch christlicher Nachfolge)* und arbeitete jeden Tag intensiv daran. Er sprach auch in vielen Gottesdiensten und bei Veranstaltungen.

Eric arbeitete im September immer noch an dem Handbuch, als er ein Telegramm von Flo erhielt, die ein kleines Mädchen zur Welt gebracht hatte. Eric wünschte sich sehr, Flo zu sehen und Maureen Liddell, seine jüngste Tochter, im Arm zu halten, aber er wusste, dass jetzt nicht die richtige Zeit dafür war. Die Situation in China wurde immer schlimmer, und als Missionar hatte er eine lebensnotwendige Botschaft der Hoffnung und der Ermutigung, die den Menschen in dieser so finsteren Zeit weitergegeben werden musste.

Der Dezember 1941 war kein guter Monat für Ausländer in China. Am 7. Dezember bombardierten dreihundertfünfzig japanische Kampfflugzeuge Pearl Harbor auf der Insel Oahu (Hawaii), wo die amerikanische Pazifikflotte ankerte. Einige Kriegsschiffe wurden versenkt, etliche weitere schwer beschädigt. Beinahe 2900 amerikanische Soldaten und Matrosen wurden getötet. Am gleichen Tag griffen die Japaner auch die Philippinen und die britisch kontrollierte Malaiische Halbinsel sowie Hongkong an. Am folgenden Tag, dem 8. Dezember 1941, erklärten die Vereinigten Staaten und Großbritannien Japan den Krieg.

Die Welt war schockiert darüber, wie brutal Japan diese Angriffe ausgeführt hatte. Doch die Chinesen überraschten diese Gewaltakte nicht. Sie waren mittlerweile schon gut vertraut mit der Wut, womit Japan entschlossen war, sie zu beherrschen. Der Rest der Welt hatte jedoch die Kämpfe in China weitgehend ignoriert. Tatsächlich wurde der Zweite Japanisch-Chinesische Krieg oft als der »Vergessene Krieg« bezeichnet, weil sich so wenige Außenstehende dafür interessierten.

Nach dem Angriff auf Pearl Harbor wurden die japanischen Truppen in China Ausländern gegenüber immer feindseliger, besonders gegenüber den Briten und Amerikanern, die nun offiziell als »Feinde« galten. Aufgrund der veränderten Haltung Ausländern gegenüber wollte die Londoner Missionsgesellschaft, dass alle Missionare zusammen an einem Ort blieben. Die Missionsgesellschaft bat Eric und sechs andere Männer, die französische Konzession zu verlassen und in die englische Konzession umzuziehen. Eric war eingeladen, bei der Familie Howard-Smith zu wohnen. Der Umzug geschah genau zum richtigen Zeitpunkt. Innerhalb von einigen Tagen wurden nämlich Barrikaden rund um die Konzessionen errichtet und Stacheldraht gezogen. Japanische Soldaten bewachten alle Tore, durch die man hinein- und hinausgelangen konnte. Die Japaner ordneten an, dass alle Ausländer innerhalb ihrer Konzession bleiben mussten. Man konnte die Konzessionen in der Regel nicht mehr verlassen oder betreten, und auch das eigentliche Stadtgebiet von Tianjin, das mehrheitlich von Chinesen bewohnt war, wurde zur Sperrzone erklärt. Es durften auch keine großen Versammlungen mehr stattfinden. Jede Versammlung von mehr als zehn Menschen war verboten.

Dieses Versammlungsverbot stellte Eric vor eine Herausforderung, da er in der britischen Konzession normalerweise die Gottesdienste geleitet hatte. Menschen aus allen Gesellschaftsschichten lebten dort – Diplomaten, Textilfabrikanten, Schiffskapitäne, Lehrer und Missionare. Als sich die Lage in China verschlechterte, begannen diese Menschen, sich um ihre Zukunft zu sorgen. Sie brauchten Trost und Stärkung, und Eric konnte den Menschen durch die Predigten in den Gottesdiensten beides geben. Und nun, während diese Menschen angesichts der vermehrten japanischen Feindseligkeit noch mehr Trost und Stärkung brauchten, sollte Eric keine Gottesdienste mehr abhalten dürfen, zumindest nicht mit mehr als zehn Personen.

Eric dachte lange über dieses Problem nach und kam schließlich zu einer Lösung. Er beschloss, weiterhin jede Woche eine Predigt vorzubereiten, aber statt von der Kanzel aus zu predigen, schrieb er sie auf. Dann nahm er die Hilfe einer Missionarsfrau in Anspruch, die neun Personen zum Nachmittagstee einlud. Während ihre Gäste an ihrem Tee nippten, verteilte die Missionarsfrau Kopien von Erics Predigt, und gemeinsam lasen sie diese und tauschten sich darüber aus. Dann lud jede der neun Personen wieder neun andere Personen zu sich nach Hause zum Nachmittagstee ein und verteilte erneut Kopien der Predigt, die sie dann lasen, bevor sie ebenfalls darüber sprachen.

Dann tat jede der neun Personen wieder das Gleiche für neun weitere Personen, und das Ganze begann von vorn. Auf diese Weise dauerte es nicht lange, bis jeder in der Konzession die Predigt der jeweiligen Woche gehört hatte, ohne den Befehl der Japaner zu missachten, keine großen öffentlichen Versammlungen abzuhalten. Erics Lösung wurde als »Nachmittagstee-Kirche« bekannt.

Währenddessen genossen es Pastor Howard-Smith und seine Frau, dass Eric bei ihnen wohnte. Bei 40 Grad Hitze brachte Eric ihren Töchtern das Tennisspiel bei. Er spielte auch Kricket mit ihnen und beteiligte sich an Gesellschaftsspielen. Er zeigte den Mädchen seine Briefmarkensammlung, und als sie begeistert anfangen wollten, selbst entsprechende Exemplare zu sammeln, verbrachte er Stunden damit, Linien für ihr Briefmarkenalbum zu ziehen. Nichts schien ihm zu aufwendig zu sein. Als die Nahrungsmittelvorräte in der Konzession zur Neige gingen und Frau Howard-Smith Schwierigkeiten hatte, Brot zu kaufen, stellte sich Eric freiwillig um fünf Uhr morgens vor der Bäckerei an, damit die Familie nicht leer ausging.

In einem Brief an einen Freund schrieb Pastor Howard-Smith: »Ich sah Eric niemals wütend. Ich hörte ihn niemals ein böses oder unfreundliches Wort sagen. Er tat immer nur Gutes.«

Im August 1942 begann Eric zu überlegen, ob seine Zeit in China bald vorüber wäre. Er hatte sein Handbuch fertiggestellt, und nach wie vor durfte er die britische Konzession nicht verlassen. Was konnte er hier noch tun? Die Japaner hatten versprochen, dass noch vor Ende des Jahres 1942 alle ausreisewilligen Ausländer die Erlaubnis erhalten würden, die Konzessionen zu verlassen und nach Hause zurückzukehren.

Eric schrieb Flo und erklärte die Situation. Er wollte wissen, was sie davon hielt, wenn er seinen Seelsorgedienst in Kanada fortführte. Es gab auch dort viel harte Arbeit, wenn es darum ging, das Evangelium zu verbreiten. Flo antwortete ihm, dass sie dies für eine großartige Idee hielt, wenn er nach Kanada käme. Sie erzählte ihm auch, dass Patricia und Heather mit der Schule begonnen hatten und dass die zehn Monate alte Maureen wuchs und gedieh. Der Brief hellte Erics Stimmung auf. Er konnte es kaum erwarten, nach Kanada zu kommen, seine Lieben wiederzusehen und mit ihnen dort ein neues Leben anzufangen.

Der August verging ebenso wie der September. Mittlerweile war es Oktober. Es gab eine Menge von Gerüchten, aber kein verbindliches Wort darüber, wann die Japaner den Ausländern erlauben würden, die Konzessionen zu verlassen und in ihre Heimat zurückzukehren. Der Neujahrstag 1943 kam und ging, ohne dass neue Nachrichten verbreitet wurden. Es gab keine Neuigkeit bis zur Mittagszeit am 12. März 1943. Allerdings waren es nicht die Neuigkeiten, die Eric oder jeder andere erwartet hatte. Alle britischen und amerikanischen »Feinde« mussten sich im Internierungslager von Weixian (Weihsien, heute in Weifang) in der Zentralregion der Provinz Schantung melden, etwa fünfhundert Kilometer südöstlich von Tianjin. Keiner von den »Feinden« durfte China verlassen, um in sein Heimatland zurückzukehren.

Die ausländischen »Feinde« bekamen zwei Wochen Zeit, um sich auf ihre Internierung vorzubereiten. Jede Person durfte drei Koffer und ein Bett sowie Bettzeug in das Lager vorausschicken. Während Eric sein Bett auf einen wartenden japanischen Lastwagen lud, fragte er sich, ob er es je wiedersehen würde oder ob das nur ein Trick der Japaner war, Betten für ihre Truppen zu stehlen. Die Leute durften außerdem noch zwei Gepäckstücke in das Lager mitnehmen. Die Japaner teilten die Menschen aus der britischen Konzession in drei Gruppen auf und bestimmten Eric zum Anführer einer der drei Gruppen. Die Gruppen sollten nacheinander an drei aufeinanderfolgenden Tagen in das Lager transportiert werden. Erics Gruppe sollte am 30. März aufbrechen.

Während der Tag näher rückte, betrachtete Eric seine Habseligkeiten und überlegte, was wohl die nützlichsten Dinge in einem Internierungslager wären. Wie würde es dort sein? Sollte er sich für einen kurzen Aufenthalt oder für einen längeren einrichten? Was war wichtiger – eine zusätzliche Garnitur Kleidung oder ein Vorrat an Dosenfleisch, ein Wasserkessel oder ein mehrbändiges Lexikon? Würde er in einem Massenlager untergebracht sein oder in einer Zelle? Je mehr Eric darüber nachdachte, umso mehr Fragen hatte er, was wohl vor ihm und den anderen »Feinden der Japaner« lag.

DER WEG ZUM HOF DER GLÜCKSELIGKEIT

Am 30. März 1943 hatte sich die letzte Gruppe um 7:30 Uhr in der Nähe des Wachhauses versammelt, um die britische Konzession zu verlassen. Es waren ungefähr dreihundert Menschen, und sie sahen aus wie eine Gruppe reicher Touristen, die einen Ausflug machen wollten. Viele Frauen trugen schwere Nerzmäntel und modische Absatzschuhe und unter ihren Mänteln wunderschöne maßgeschneiderte Kostüme aus Wollstoff. Perlenketten und Diamantohrringe vollendeten ihre Erscheinung. Die Männer trugen Anzüge mit gestärkten Hemdkragen und gestreifte Krawatten. Sie schienen alle viel zu viel Gepäck bei sich zu haben. Da fanden sich Berge von Liegestühlen, Hutschachteln, Besteckkästen mit Silberbesteck und sogar ein Satz Golfschläger!

Eric musste im Stillen lächeln, als er das Ganze beobachtete. Die hier Versammelten schienen alle so unterschiedliche Vorstellungen davon zu haben, was sie am Ende ihrer Reise erwarten würde, und diese Vorstellungen spiegelten sich darin wider, wie die Leute angezogen waren und was sie mitgenommen hatten.

Einige kleinere Kinder sprangen um die wartende Gruppe herum. Einige der schüchternen Kinder klammerten sich an abgenutzte Teddybären oder hielten die Hand ihrer Mutter fest. Andere waren abenteuerlustiger und kletterten auf dem Haufen von Habseligkeiten herum. Sie mussten eine Stunde warten, bis der japanische Kommandant endlich kam und damit begann, Befehle herumzubellen. »Jeder soll seine Sachen nehmen und sich auf den Weg zur Bahnstation machen. Folgt dieser Wache!«, brüllte er.

Ein Keuchen erhob sich in der Gruppe. Erwarteten die Japaner tatsächlich von ihnen, dass sie ihr Gepäck selbst trugen? Es waren fast fünf Kilometer bis zur Bahnstation.

»Wie können sie es wagen?«, flüsterte eine gut angezogene Frau ihrem Ehemann zu. »Sag ihnen, dass wir einen chinesischen Diener mieten wollen, der unser Gepäck trägt.«

Eric beobachtete, wie der Ehemann den Kopf schüttelte. »Wir werden eben alles hierlassen müssen, was wir nicht tragen können, Ethel«, antwortete er mürrisch.

»Jetzt!«, brüllte der japanische Kommandant, indem er versuchte, den Lärm der Menge zu übertönen. »Geht jetzt. Beeilung, Beeilung.«

Eric nahm seine zwei Taschen und machte sich auf den Weg zur Bahnstation. In gewisser Weise war er dankbar. Er hatte draußen in der Großen Ebene gelebt und das Elend des Krieges hautnah miterlebt. Er war hungrig unterwegs gewesen, auf ihn war geschossen worden, und er hatte auf schmutzigen Fußböden geschlafen. Die meisten Menschen um ihn herum hatten niemals etwas Derartiges erlebt. Die meisten hatten ein luxuriöses und bequemes Kolonial-Leben geführt. Sie hatten Diener gehabt, die ihre Wäsche gewaschen, Diener, die ihnen das Bad eingelassen, Diener, die ihre Betten gemacht und ihr Essen gekocht hatten. Sie hatten Chauffeure gehabt, die ihre Frauen zu Bridge-Partien gebracht hatten, und Chauffeure, die ihre Kinder von exklusiven Privatschulen abgeholt hatten. Für jede Aufgabe, die sie unangenehm, langweilig oder zeitaufwendig fanden, gab es einen chinesischen Diener, der sich freute, damit einige Pfennige zu verdienen. Dieser Lebensstil hatte jedoch ein abruptes Ende gefunden, und Eric fragte sich, wie sich diese Menschen auf das neue Leben einstellen würden, das nun vor ihnen lag.

Die Angehörigen der Gruppe gingen mit schweren Schritten zum letzten Mal durch die Tore der britischen Konzession.

Eric blickte hinter sich. Ein Berg von Gegenständen türmte sich neben der Straße: Praktisch alles, was irgendjemand aus der Gruppe besaß und was nicht schon vorher ins Lager geschickt worden war, hatte man zurücklassen müssen. Handgeschnitzte Esstische aus Mahagoni, funkelnde Kronleuchter, Jagdwaffensammlungen sowie Bibliotheken mit vielen ledergebundenen Erstausgaben waren allesamt zurückgelassen worden. Innerhalb weniger Tage würde aller Besitz aus den Häusern der Ausländer geplündert und auf dem Schwarzmarkt verkauft sein.

Eric ging schweigend weiter. Viele Frauen um ihn herum weinten leise, während sie in Zweierreihen die Straße entlangmarschierten. Chinesen standen auf beiden Straßenseiten. Manche von ihnen verbeugten sich leicht, als die Ausländer vorbeigingen. Das chinesische Volk war in einer schwierigen Lage. Viele von ihnen ärgerten sich über die Konzessionen und die Art, wie sich die Ausländer mit so viel Geld, das sie in China an sich gebracht hatten, aus dem Staub machten. Aber gleichzeitig waren die Briten ihre Verbündeten gegen die Japaner. In diesem Krieg standen sie letztendlich beide auf der gleichen Seite.

Es dauerte eine Stunde, bis alle aus der Gruppe die Bahnstation erreicht hatten. Dort wurde ihnen mitgeteilt, dass sie auf den Zug warten mussten, der sie in das etwa fünfhundert Kilometer entfernte Internierungslager von Weixian bringen sollte.

Niemand sprach viel, als der Zug in Sicht kam und eine Reihe von Dritte-Klasse-Wagen hinter sich herzog. Als der Zug hielt, wurden die britischen Gefangenen hineingedrängt. Zu viele Menschen wurden in die schmutzigen Waggons hineingeschoben, als dass es für irgendjemanden hätte bequem sein können. Einige Menschen saßen auf ihren Koffern, während sich andere auf Holzbänken mit geraden Lehnen niederließen. Babys weinten, und Kleinkinder jammerten, weil sie ihre Betten und ihr Abendessen vermissten.

Eric saß auf dem Gang und beobachtete seine Mitreisenden, wobei er seine beiden Taschen als Sitzunterlage benutzte. Sie waren alle Briten, sprachen Englisch, und sie waren alle auf dem Weg in ein Internierungslager; das war jedoch alles, was sie miteinander gemeinsam hatten. Alle waren aus unterschiedlichen Gesellschaftsschichten und sozialen Klassen. Viele von ihnen mussten nie zuvor miteinander verkehren. Nun saßen sie schweigend nebeneinander und starrten trostlos in die Dunkelheit, die sich mittlerweile über die Landschaft gelegt hatte. Eric betete still, während der Zug durch die Nacht rollte. »Geliebter Herr, hilf mir, unter diesen Menschen als dein Licht zu scheinen.«

Die Zugfahrt dauerte quälend lange. Erst nach sechzehn Stunden erreichten sie Weixian. Steif und schlaflos kletterten die Passagiere unbeholfen aus dem Zug. Dann wurde ihnen gesagt, dass das Internierungslager drei Kilometer außerhalb der Stadt lag. Ein Flüstern ging durch die Gruppe. Nach Aussage derer, die vorher schon in Weixian gewesen waren, wurden sie vermutlich auf der Missionsstation der amerikanischen Presbyterianer außerhalb der Stadt untergebracht.

Weil es keine Lastwagen gab, die sie in das drei Kilometer entfernte Lager hätten bringen können, nahmen wieder alle ihr Gepäck und gingen los. Eric nahm sein Gepäck in die andere Hand, während er weiterging. Dann endlich kam das Tor der Missionsstation der amerikanischen Presbyterianer in Sichtweite. Das Gerücht war richtig. Dort wurden sie also interniert.

Als Eric durch das Tor schritt, bemerkte er ein Schild mit chinesischen Schriftzeichen über dem Eingang. Er übersetzte laut, während er hindurchging: »Der Weg zum Hof der Glückseligkeit«. Niemand war jedoch in dieser Nacht glücklich, hier zu sein!

Innerhalb der Tore führten japanische Wachen die Gruppe einen Pfad zwischen zwei Gebäuden hindurch, bis sie auf ein kleines offenes Feld mit einem Rugby-Torpfosten an einem Ende hinauskamen. Nachdem sich die Gruppe auf dem Feld versammelt hatte, deutete einer von den Wachleuten auf einen großen, dunkelhaarigen Europäer mit Brille. Die Männer traten vor die Neuankömmlinge und drehten sich zu ihnen um. »Willkommen im Internierungslager von Weixian«, begann der Europäer. Sein Englisch war undeutlich, seine Stimme schneidend. »Ich weiß, ihr habt viele Fragen, aber die einzige Sache, die wir hier reichlich haben, ist Zeit, sie zu beantworten.« Er lachte leise über seinen eigenen Witz, aber niemand sonst schien das lustig zu finden. Er fuhr fort: »Einstweilen kann ich euch mitteilen, dass sich hier ungefähr 1800 Personen befinden, ihr eingeschlossen. Wir kommen aus drei Städten – Peking, Qingdao (Tsingtao) und natürlich Tianjin. Wir sind entsprechend unserer Herkunft auf die Schlafsäle aufgeteilt, und es gibt drei Küchen innerhalb des Geländes, sodass jede Gruppe für sich selbst kocht und zusammen isst. Wenn ihr euch jetzt aufteilt, die Familien rechts und die Alleinstehenden links, können wir euch in einem Raum unterbringen, sodass ihr euer Abendessen bekommen könnt.«

Eric schob sich auf die linke Seite. In gewisser Weise beneidete er die Menschen auf der rechten Seite; sie waren Familien und konnten einander trösten und unterstützen. Aber wiederum verabscheute er den Gedanken, dass seine Frau und seine Töchter in einem Internierungslager sein könnten.

»Eine weitere Sache«, sagte der Mann, indem er versuchte, mit seiner schneidenden Stimme das Gemurmel in der Menge zu übertönen. »Die Toiletten befinden sich rechts in dem langen, niedrigen Gebäude. Sie sind noch nicht in glänzendem Zustand ...« Seine Stimme verstummte allmählich entschuldigend.

Eric und fünf andere Männer wurden in eines der Schlafgebäude geleitet. Einer der Männer war A. P. Cullen, der am Eltham College in London unterrichtet hatte, als Eric in seiner Schulzeit dort war. A. P. Cullen war auch sein Kollege an der anglochinesischen Schule gewesen. Auf dem Weg zum Schlafsaal hielten die Männer bei den Toiletten an. Eric wünschte fast, sie hätten das nicht getan. Er war lange genug in China, um viele Arten von Toiletten zu kennen, aber das, was er beim Öffnen der Tür sah – oder besser: roch – war hundertmal schlimmer als alles, was er bisher gesehen hatte. Es war deutlich zu sehen, dass die Toiletten einst der blitzsaubere Stolz des Hausmeisters der presbyterianischen Missionsstation gewesen waren. Die Toilettenschüsseln waren ausnahmslos neu und in den Boden versenkt wie alle chinesischen Toiletten. Über jeder Schüssel baumelte eine polierte Bronzekette. Jeder Toilettenbenutzer rechnete damit, dass ein Schwall Wasser herauskam, wenn er sie betätigte. Jedoch lag genau dort das Problem. Alle Wasserleitungen in der Toilette waren herausgerissen worden, und die Toilettenschüsseln waren aufgestaut und liefen fast über. Ein Mann erklärte, dass es im ganzen Lager kein fließendes Wasser gab. Außerdem gab es keinen Klempner, um die

Leitungen zu reparieren, und keine chinesischen Diener, um das Chaos zu beseitigen.

In diesem Moment begriff Eric die enorme Tragweite dessen, was vor ihnen lag. Irgendwie mussten die 1800 Menschen, die im Lager untergebracht waren, als von ihren Familien, Freunden und Ländern Abgeschnittene einen Weg finden, zusammenzuarbeiten und eine Gemeinschaft zu bilden. Das würde eine Gemeinschaft sein, in der viele Menschen Arbeiten erledigen mussten, an die sie im Traum nie gedacht hatten. Sie würden Mahlzeiten zubereiten müssen, Toiletten reinigen, Wasser pumpen und die Kleider von Hand waschen. Eric seufzte. Das würde für viele Menschen im Lager eine völlig neue Erfahrung sein. In ihrem bisherigen Leben waren sie von chinesischen Dienern stets verwöhnt worden.

Eric blieb nicht lange in seinem neuen Schlafsaal. Es gab überhaupt keine Möbel im Zimmer und keine Spur von dem Bett, das er vor einigen Tagen in Tianjin auf einen japanischen Lastwagen geladen hatte. Er schob seine Taschen gegen eine Wand und ging wieder hinaus. Es war nun Nacht geworden, bewölkt und feuchtkalt, und er konnte Menschen husten hören, als er an den anderen Schlafsälen vorbeiging.

Der Strahl eines Scheinwerfers, der an der Geländemauer befestigt war, wanderte fortwährend durch das Lager. Als sich der Strahl über das Gelände außerhalb der Schlafsäle bewegte, wurde ein Berg mit zerschlagenen Möbeln und gebogenen Rohren angeleuchtet. Die Japaner hatten auf dem Gelände offenbar alles zerstört, bevor sie daraus ein Internierungslager machten.

Eric schritt an dem Haufen mit den kaputten Möbeln vorbei und ging zur Mauer am nördlichen Ende des Geländes. Er wollte die Größe des Geländes bestimmen. Weil er viele Erfahrungen als Läufer gesammelt hatte, konnte Eric Distanzen ziemlich gut mit Schritten abmessen. Er stellte sich an der Nordost-Ecke der Mauer auf und schritt dann in westlicher Richtung. »Eins, zwei, drei …«, zählte er laut, bis er die gegenüberliegende Ecke erreichte. Hundertvierzig Meter. Dann schritt er die westliche Mauer entlang in südlicher Richtung. Hundertachtzig Meter. Eric pfiff leise. Das gesamte Gelände war nur hundertvierzig Meter breit und hundertachtzig Meter lang. Das entsprach lediglich der Größe von zwei Rugbyfeldern. Und auf diesem Raum waren 1800 Menschen untergebracht!

Diese Erkenntnis erschütterte Eric. Wie konnten die Menschen eine Privatsphäre haben, wenn sie derart eng eingepfercht waren? Und wie lange würden sie so zusammengedrängt im Lager bleiben müssen?

Eric dachte immer noch darüber nach, als A. P. Cullen seinen Arm ergriff. »Du solltest dich besser an der Schlange für das Abendessen anstellen, oder du wirst es verpassen«, sagte er, während er Eric zu einem Lichtkreis hinzog. Bald stand Eric in der Schlange mit fünfhundert anderen Menschen. Sie kamen alle aus Tianjin, und sie waren alle hungrig. Nur diejenigen, die sich etwas Proviant aus der britischen Konzession mitgenommen hatten, hatten in den letzten vierundzwanzig Stunden etwas gegessen, und Eric gehörte nicht dazu.

Langsam bewegte sich die Schlange auf eine Frau zu, die einen riesigen Topf mit Flüssigkeit vor sich hatte und davon in Schüsseln schöpfte.

»Wo bekommt man die Schüsseln?«, fragte Eric den Mann vor ihm.

»Sie müssen sie natürlich selbst mitbringen«, antwortete dieser, indem er seine eigene Schüssel aus der Tasche zog, die er um seine Schulter hängen hatte.

Eric und A. P. Cullen sahen einander an und seufzten. Warum hatten sie das nicht schon eher bemerkt? Sie standen zu diesem Zeitpunkt schon eine halbe Stunde in der Schlange. Die beiden traten aus der Reihe und gingen rasch zu ihrem Zimmer zurück. Glücklicherweise hatten beide in ihren Taschen Teller und Essbesteck mitgenommen. Andere jedoch waren nicht so glücklich. Sie hatten kein Geschirr eingepackt und mussten Leute finden, von denen sie sich etwas ausliehen, damit sie essen konnten. Ihre missliche Lage stimmte Eric nachdenklich. Er hatte zwar Teller mitgenommen, aber welche anderen wichtigen Dinge hatte er vergessen mitzunehmen?

Als er sich wieder anstellte, ging es schneller voran, und innerhalb von zehn Minuten saßen er und A. P. Cullen mit ihrem Rücken an einer Ziegelmauer und aßen Suppe und Brotstücke. Eric blickte sich um. Das war eine Art von Essen, das die meisten Briten aus der Konzession nicht gegessen hätten, wenn es ihnen zu Hause oder in einem Restaurant serviert worden wäre. Nun hatten sie keine Wahl. Jetzt waren sie Gefangene in einem Internierungslager, umgeben von hohen Mauern und Stacheldraht.

Nach dem Abendessen gingen Eric und A. P. Cullen zu Bett, wie auch fast alle anderen im Lager. Diejenigen, die an diesem Tag mit dem Zug angekommen waren, waren erschöpft. Die meisten hatten in der letzten Nacht kaum geschlafen. Eric schlief angezogen auf dem harten Fußboden. Es schien keinen Sinn zu haben, den Pyjama anzuziehen, wenn man kein Bett hatte, in dem man es sich gemütlich machen konnte.

Am nächsten Morgen stand Eric eine Stunde früher auf als alle anderen. Wie er es jeden Morgen machte, nutzte er die Zeit, um in seiner Bibel zu lesen und zu beten. Exakt um 7:15 Uhr ertönte ein Horn und verkündete, dass in fünfzehn Minuten der Anwesenheitsappell beginne. Eric zog noch einen zusätzlichen Pullover an und ging nach draußen. Es war ein klarer Morgen, und Eric war neugierig, im Tageslicht mehr über das Lager zu erfahren.

Für Eric bot dieser erste volle Tag eine ganze Menge neuer Informationen. Er erfuhr, dass mindestens fünfzehn Nationalitäten im Lager vertreten waren. Die einzige Gemeinsamkeit zwischen ihnen bestand darin, dass die japanische Armee die Bewegungsfreiheit für Ausländer innerhalb des Landes abgeschafft und sie damit zu Lagerinsassen gemacht hatte. Erwartungsgemäß gab es viele Menschen aus Großbritannien und den Vereinigten Staaten, aber es waren auch Menschen aus Italien, Belgien, den Niederlanden, Indien, Palästina, Russland und Kuba da. Einige hatten schon ihr ganzes Leben in China verbracht; einige waren Kinder oder Enkel von Händlern und Geschäftsleuten, die schon vor vielen Jahren nach China eingewandert waren. Andere, wie das Jazzduo, bestehend aus einem hawaiianischen Einheimischen und einem Afroamerikaner, oder die zwei kubanischen Familien, die mit einer Baseballmannschaft durch China gereist waren, hatten lediglich beabsichtigt, einige Wochen im Land zu bleiben. Sie waren erstaunt, sich als Gefangene in einem Internierungslager wiederzufinden. Die kubanischen Familien sprachen nur Spanisch und konnten sich mit niemandem unterhalten.

Als sich Eric diese Information verschaffte, erkannte er, dass die Sprache das Hauptproblem im Lager werden würde. Es würde sehr schwierig werden, Dinge zu organisieren, wenn die Menschen nicht verstanden, was gesagt wurde. Eric brachte auch in Erfahrung, dass die Japaner beschlossen hatten, die Menschen im Lager mehr oder weniger allein zu lassen. Sie hatten klargemacht, was sie von den Menschen erwarteten. Diese sollten ihre Arbeit selbst tun und die sie betreffenden Angelegenheiten selbst erledigen. Am Ende des ersten Tages wusste Eric, dass dies eine extrem schwierige Aufgabe werden würde. Wie konnten die Menschen zur Arbeit motiviert werden, und wie war es möglich, ihre Stimmung aufrechtzuerhalten? Eric sorgte sich besonders um Hunderte von Kindern und Teenagern, die er an diesem Tag gesehen hatte. Was sollten sie Woche für Woche tun? Und was war mit der Schulbildung, die sie versäumten?

Aber während er noch überlegte, kamen Erics Gedanken wieder zurück zu der unbeantworteten Frage, die wirklich wichtig war. Es ging um die Frage, die jeden beschäftigte: Wie lange mussten sie im Internierungslager von Weixian zusammengepfercht bleiben?

An diesem Tag konnte sich niemand vorstellen, dass sie für zwei Jahre und einen Monat interniert sein würden und dass sie während dieser Zeit zu einer Gemeinschaft zusammenwachsen würden, die gelernt hatte, sich um jeden Einzelnen im Lager zu kümmern. Und sicherlich konnte niemand das Schicksal des Athleten vorhersagen, der Anfang vierzig war und einer der stärksten und bereitwilligsten Arbeiter innerhalb ihrer »Gefängnisgemeinschaft« wurde.

ONKEL ERIC

Drei Wochen vergingen, bevor ein Lastwagenkonvoi ankam, auf dem sich die Betten und andere Habseligkeiten der internierten Briten aus Tianjin befanden. Eric hatte schon alle Hoffnung aufgegeben, sein Bett oder seine Koffer je wiederzusehen. Daher war er sehr überrascht, als die Lastwagen durch das Eingangstor fuhren. Er baute sein Bett zusammen und legte die Matratze oben drauf. Dann schob er seine drei Koffer unter das Bett, die hauptsächlich Haushaltsgegenstände enthielten.

Als er fertig war, saß er auf dem Bett und beobachtete, wie ein anderer Mann in seinem Schlafsaal ein Doppelbett zusammenbaute. Was für ein Luxus! Und was für eine Voraussicht, obwohl der Mann das gar nicht so geplant hatte. Daheim in Tianjin hatte dieser Mann kein Einzelbett; als die Japaner dann kamen, um die Betten nach Weixian zu transportieren, gab er ihnen das einzige Bett, das er in die Hände bekommen konnte. Und das war ein Doppelbett. Jetzt, in der Enge des Internierungslagers von Weixian, bedeutete das, dass er die doppelte Fläche als sein Eigentum beanspruchen konnte. Er hatte doppelt so viel Platz, um sich nachts auszustrecken und zu schlafen. Eric wünschte, er hätte daran gedacht, ein Doppelbett anstelle des Einzelbetts, auf dem er saß, mitzuschicken. Trotzdem konnte er sich nicht beklagen; sein Einzelbett war wesentlich angenehmer zum Schlafen als die harten Bodenbretter, auf denen er in den letzten drei Wochen die Nächte verbracht hatte.

Mittlerweile hatten die Internierten neun Hauptbereiche im Lager eingerichtet: Unterkunft, Ordnung, Bildung, Beschäftigung, Ingenieurwesen, Unterhaltung, Finanzen, allgemeine Angelegenheiten und Medizin. Da es eine Reihe von Krankenschwestern und Ärzten unter den internierten Missionaren gab, arbeiteten in den ersten Tagen alle hart daran, das Krankenhaus aufzubauen und wieder funktionsfähig zu machen. Ein Teil der Geräte funktionierte noch, jedoch war ein großer Teil so schwer beschädigt worden, dass er nicht mehr benutzt werden konnte. Einige Menschen waren schon krank im Lager angekommen; diese waren die Ersten, die im neu eröffneten Krankenhaus behandelt wurden. Ein Mann mit Blinddarmentzündung konnte jedoch nicht warten, bis die chirurgische Station wieder einen »halbwegs normalen« Betrieb aufnehmen konnte. Einige Tage nach seiner Ankunft im Internierungslager schickten ihn die Japaner zur Behandlung in ein Krankenhaus außerhalb des Lagers. Er starb allerdings auf dem Weg dorthin.

Eric war sowohl als Lehrer wie auch als Mitglied der Sportabteilung gefragt. Am Ende stimmte er zu, in beiden Bereichen jeweils einen halben Tag zu arbeiten. Das bedeutete, dass Eric statt eines Arbeitstages von drei Stunden, wie ihn jeder andere im Lager hatte, sechs Stunden am Tag tätig war.

Der Unterricht war die größte Herausforderung. Die Lehrer hatten weder Kreide noch Tafeln, und die Kinder hatten nicht viel Papier und sehr wenige Stifte. Sie benutzten dasselbe Stück Papier immer wieder, indem sie am Ende jedes Tages alles wegradierten, was sie geschrieben hatten, damit sie am nächsten Morgen von Neuem darauf schreiben konnten. Eric und die anderen Lehrer waren besonders um die Schüler der höheren Klassen besorgt. Viele von ihnen kamen in das Alter, in dem sie die Universität hätten besuchen können. Sie hatten bereits Pläne gemacht, China zu verlassen, um mit ihrer Ausbildung fortzufahren. Angesichts der wenigen Lehrbücher und des Mangels an Ausrüstung im Lager war es für diese Schüler besonders schwierig, die Aufgaben zu erledigen, die sich in der Oberstufe normalerweise stellten. Die Lehrer strengten sich an, diesen Mangel zu kompensieren, aber es war schwer zu bewältigen.

Eine von Erics Schülerinnen vertraute ihm an, dass es ihr Traum war, in England Chemie zu studieren. Eric macht es sich zum vorrangigen Anliegen, alles zu tun, um ihr zu helfen. Er verbrachte Abende damit, die chemischen Apparaturen, die sie für chemische Experimente benötigte, aufzuzeichnen und zu beschreiben. Dann schrieb er auf, wie die Geräte benutzt wurden, um die Experimente durchzuführen. Obwohl die junge Frau im Lager niemals irgendein echtes chemisches Gerät in den Händen gehabt hatte, waren Erics Zeichnungen so genau, dass sie sich vorstellen konnte, wie die Experimente funktionierten. Als sie das Internierungslager von Weixian verließ und schließlich eine Aufnahmeprüfung an der Universität machen musste, schnitt sie so gut ab, dass sie zum Chemiestudium zugelassen wurde.

Viele Missionare im Lager kamen von der China-Inland-Mission, die von dem englischen Missionar Hudson Taylor im Jahr 1865 gegründet worden war. Es geschah nun, dass der älteste Gefangene im Lager Hudson Taylors Sohn Herbert war, ein 83-jähriger Mann mit schneeweißem Haar. Herbert Taylor (oder »Großvater«, wie ihn jeder nannte) kam mit einer Gruppe von siebenundneunzig elternlosen Kindern in das Lager. Die meisten von ihnen waren Kinder von Missionaren der China-Inland-Mission und hatten ihre Schulausbildung im Internat der China-Inland-Mission in Zhifu (Yantai) begonnen. Als die Schule von den Japanern erobert worden war, wurden alle Kinder in das Internierungslager von Weixian geschickt. Einige

Kinder erfuhren, dass ihre Eltern in anderen Lagern waren; andere erhielten die schreckliche Nachricht, dass ihre Eltern bei den Kämpfen getötet worden waren. Ungeachtet dessen, wie die genauen Umstände waren, die siebenundneunzig elternlosen Kinder brauchten viel zusätzliche Hilfe vonseiten der Erwachsenen im Lager. Ihnen besonders liebevoll zu begegnen, war von entscheidender Bedeutung.

»Onkel Eric« wurde bald eine der Lieblingspersonen der Kinder. Er nutzte jede freie Minute, um sich mit den Kindern zu beschäftigen. Er beaufsichtigte Hockeyspiele, und nach jedem Spiel nahm er die Hockeyschläger mit in seinen Schlafsaal, um sie für das Spiel am nächsten Tag zu reparieren. Nachdem er Flos Esszimmervorhänge in einem der Koffer unter seinem Bett gefunden hatte, riss er sie in Streifen und wickelte sie dann zum Reparieren um die Hockeyschläger. Eric leitete am Freitagabend auch eine Jugendgruppe mit Schachturnieren, Marionettentheater und Ratespielen.

Besonders besorgt war Eric um die Menschen, die im Lager krank wurden. Obwohl einige der besten Chirurgen und Ärzte, die damals in China lebten, in Weixian interniert waren, hatten sie nicht genug Medizin und Geräte, um all ihre Patienten ordentlich zu behandeln. Typhus, Malaria und Ruhr waren häufige Erkrankungen. Zu diesem Zeitpunkt gab es zu viele kranke Menschen, um sie alle im Krankenhaus unterbringen zu können. Daher beschloss man, die zwei Patienten, die Typhus hatten und bei denen sich andere besonders leicht anstecken konnten, im Leichenhaus unterzubringen. Die zwei Patienten waren eine katholische Nonne und ein zwölfjähriges Mädchen. Das Mädchen gehörte zu den elternlosen Kindern aus Zhifu, und

Eric konnte sich vorstellen, wie sehr sie sich fürchtete, als sie todkrank in einem Leichenhaus lag. Trotz der Gefahr, dass auch er sich mit Typhus anstecken konnte, besuchte er sie jeden Nachmittag in dem Leichenhaus. Er munterte sie auf, indem er ihr erzählte, was an diesem Tag in der Schule passiert war. Einige Tage, nachdem die beiden Patienten in das Leichenhaus gebracht worden waren, starb die Nonne, und das junge Mädchen blieb allein zurück. Erics Besuche gaben ihr den Willen weiterzuleben, und schließlich wurde sie wieder gesund. Sie war Eric zeitlebens für seine besondere Fürsorge dankbar.

Eric war vermutlich die beliebteste Person im ganzen Lager. Seine Zimmergenossen stöhnten bereits angesichts der Tatsache, dass immer wieder Kinder an die Tür kamen und Onkel Eric suchten. Schließlich fertigte einer aus Erics Zimmer ein großes Schild an und hängte es vor die Tür. Darauf stand »Eric Liddell ist DA/NICHT DA«, wobei entweder das »DA« oder das »NICHT DA« verdeckt war. Das war für Erics Zimmergenossen die einzige Möglichkeit, etwas Ruhe zu finden!

Die schwierigste Sache in Bezug auf das Lagerleben bestand darin, dass es sehr langweilig wurde. Nichts schien sich von einem Tag zum anderen oder von einer Woche zur nächsten zu ändern. (Die Monotonie führte bei manchen Lagerinsassen schließlich zu einem Nervenzusammenbruch.) Das Essen war meist ein wichtiges Gesprächsthema, obwohl es tagein, tagaus das gleiche Essen gab. Das Frühstück bestand aus zwei Scheiben Brot ohne Butter und einer Schüssel Haferbrei ohne Milch. Das Mittagessen bekam den Spitznamen »S.O.S.«, was »Same Old Stew« (»gleicher alter Eintopf«) bedeutete. Es war eine gräuliche, matschige Mischung aus Auberginen und zerkleinerten

Unkräutern, die in der Umgebung des Lagers gesammelt wurden. Das Abendessen bestand aus dem S.O.S. vom Mittagessen. Man hatte lediglich etwas Wasser hinzugegeben, um daraus eine Suppe zu machen. Natürlich konnten damit nicht einmal die kleinsten Kinder im Lager getäuscht werden, die bald erkannten, dass sie eine Wiederholung des Mittagessens vorgesetzt bekamen.

Hin und wieder durfte der Schweizer Konsul das Lager besuchen. Er brachte Medizin und Rotkreuzpakete für die Gefangenen. Wenn die Rotkreuzpakete ankamen, war es, als ob jeder im Lager Geburtstag hätte. Kein Krümel von dem Essen in den Paketen wurde verschwendet, ebenso wenig die Behälter, in denen das Essen kam. (Diese wurden zur Anfertigung diverser Gegenstände verwendet.) Die Abteilung Ingenieurwesen bestand aus Männern, die bis dahin den Bau von einigen Gebäuden und Brücken geleitet hatten, die zu den beeindruckendsten in China gehörten. Sie sammelten alle leeren Dosen und arbeiteten diese zu Formen um. Darin machten sie aus Kohlenstaub kleine Briketts, die dann zur Befeuerung der Öfen in der Küche sowie für den Kessel im Krankenhaus benutzt wurden.

Das Rote Kreuz sorgte auch dafür, dass Briefe in das Lager hinein- und hinausbefördert wurden, wenngleich die Briefschreiber sehr strenge Regeln beachten mussten. Wie alle anderen erhielt auch Eric ein Formblatt, auf dem oben Platz für den Namen und die Adresse des Absenders sowie für Namen und Adresse des Empfängers war. Darunter befand sich ein Raster, fünf Reihen quer und fünf Reihen senkrecht, insgesamt also fünfundzwanzig Felder. In diese Felder durfte der Gefangene seinen Brief schreiben. Pro Feld durfte ein Wort geschrieben werden; der Briefschreiber musste also genau überlegen, bevor er etwas aufschrieb. Auf der Rückseite des Formbriefs gab es ein weiteres Raster mit fünfundzwanzig Feldern für den Empfänger zum Antworten. Durchschnittlich dauerte es sechs Monate, bis der Brief beim Empfänger angekommen war, und weitere sechs Monate, bis die Antwort nach Weixian zurückkam.

Obwohl sie gegen ihren Willen festgehalten wurden, gaben sich alle im Lager untergebrachten Menschen einschließlich Eric große Mühe, um den Aufenthalt so angenehm wie möglich zu gestalten. Verschiedene Menschen waren zusammengekommen und boten nun über hundert Kurse für Erwachsene an, die sie besuchen konnten, wenn sie nicht arbeiteten. Die Kurse reichten von Latein bis zu Gesellschaftstanz, von Oper bis Algebra, wobei manche Kurse wesentlich beliebter waren als andere. Jedes Wochenende gab es Konzerte oder Theateraufführungen, und am Sonntag fanden Gottesdienste statt, beginnend mit dem Gottesdienst der Heilsarmee am frühen Morgen, dem sich bis zum späten Nachmittag weitere Zusammenkünfte anschlossen.

Das Lager hatte auch einen blühenden Schwarzmarkt. Bargeld und entbehrliche Dinge wurden im Austausch für Eier und Früchte aus dem Lager hinausgeschmuggelt. Eine Gruppe römisch-katholischer Trappistenmönche erwies sich dabei als sehr nützlich; ihre langen Kutten waren perfekt zum Verstecken von Dingen. Der Leiter der Mönche war ein Australier mit Namen *Vater Scanlan*. Jede Nacht sammelte Vater Scanlan aus einem Wasserstollen, der unter den Ziegelmauern des Lagers verlief, Eier ein. Kleine chinesische Jungen krochen in den Tunnel und ließen die Eier dort, wo die Mönche sie erreichen und aufheben konnten, um sie unter ihren Kutten zu verstecken.

Eines Nachts ging der Plan schief, und Vater Scanlan wurde ertappt. Das gesamte Lager wartete und machte sich über seine Bestrafung Gedanken. Endlich ordneten die Japaner eine öffentliche Zusammenkunft an, bei der Vater Scanlans Schicksal verkündet werden sollte. Der japanische Kommandant des Internierungslagers von Weixian gab bekannt, dass Vater Scanlan für seinen Versuch, die Japaner zu betrügen, eine harte Bestrafung erhalten würde. Er musste zwei Wochen in Einzelhaft verbringen. Als die Menge das hörte, brach sie in wildes Gelächter aus. Alte Frauen lachten, bis ihnen die Tränen über die Wangen rollten, und Männer schlugen einander auf den Rücken.

Die Japaner führten Vater Scanlan ab, völlig verwirrt von der Reaktion der Menge. Was sie nicht wussten, war die Tatsache, dass Vater Scanlan und seine Gruppe von Trappistenmönchen vor ihrer Ankunft im Lager fünfzehn Jahre verbracht hatten, ohne mit jemandem ein Wort zu sprechen. Wenn sie dem Orden beitraten, legten sie ein Schweige-Gelübde ab! Wegen der ungewöhnlichen Situation, in der sie sich nun in Gefangenschaft befanden, waren sie zeitweilig von ihrem Gelübde entbunden. Die Mönche waren an Einsamkeit und Stille gewöhnt, und zwei Wochen in Einzelhaft waren für Vater Scanlan überhaupt keine Strafe. Sie stellten für ihn eher eine Rückkehr zu dem Leben dar, das er geführt hatte, bevor er in das Lager gebracht worden war. Vater Scanlans »Strafe« war noch Monate später der Lagerwitz. Die Japaner fanden jedoch nie heraus, warum ihre Gefangenen bei der Bekanntgabe der Bestrafung des Mönchs so sehr gelacht hatten.

Zahlreiche Wettbewerbe wurden ausgetragen, um die Monotonie zu durchbrechen, als die Wochen zu Monaten wurden. Von der medizinischen Abteilung wurden Rattenfangwettbewerbe ausgerichtet. Den Rekord hielten einer der Lehrer aus Zhifu und zwei seiner Schüler, die innerhalb eines Tages sechsundachtzig Ratten gefangen hatten. Fliegen zu fangen, war sogar noch besser. Einige Jungen aus Erics Bibelstudiengruppe fanden heraus, dass sie über fünfzig Fliegen während einer einzigen Unterrichtsstunde fangen konnten. Natürlich gab es auch viele Sportwettbewerbe, die meistens von Eric organisiert wurden. Es gab Kricket- und Hockeyspiele sowie Baseballmatchs, was den amerikanischen Gefangenen zu verdanken war. Irgendwie hatten es die Trappistenmönche geschafft, die beste Baseballmannschaft zu stellen, und sie gewannen die meisten Spiele.

Eric veranstaltete auch Laufwettbewerbe. Alle, die im Lager interniert waren, wussten, dass er eine olympische Goldmedaille über 400 Meter gewonnen hatte, und sie alle liebten es, ihm beim Laufen zuzusehen. Gegen Ende des Jahres 1944 ereignete sich jedoch bei einem dieser Wettkämpfe plötzlich etwas, was sich wie ein Lauffeuer in Weixian verbreitete und große Besorgnis auslöste. Es war ein klarer Herbstmorgen, und Eric sollte an einem Rennen teilnehmen. Wann immer Eric einen Wettkampf bestritt, lief er, so schnell er konnte, aber an diesem besonderen Tag verlor Eric seinen Lauf gegen einen von den Schuljungen. Diese Nachricht schwirrte durch das Lager. Eric Liddell hatte ein Rennen verloren. Was war mit ihm nicht in Ordnung?

Manche meinten, dass er nur aufgrund seines Alters langsamer wurde, aber seine frühere Kollegin Annie Buchan, die

Oberin des Krankenhauses von Siao Chang, wusste es besser. Sie bemerkte, dass Eric nicht mehr so stark wie früher war und dass er blass aussah. Sie drängte ihn, sein Arbeitspensum etwas herabzusetzen. Sie meinte, dass er viel zu hart arbeitete, und das tat er wahrscheinlich auch. Neben seinen Lehrverpflichtungen und der Organisation von Sportveranstaltungen, die er vor zwanzig Monaten übernommen hatte, hatte er zugestimmt, Leiter von Block 23 und 24 zu werden. Diese Blöcke wurden von zweihundertdreißig alleinstehenden Erwachsenen und Kindern bewohnt. Die Aufgabe des Leiters bestand darin, für das rechtzeitige Erscheinen aller zum Anwesenheitsappell und dafür zu sorgen, den Frieden zwischen den Menschen zu bewahren, die schon derart lange so eng zusammengepfercht waren, dass es ihnen oft schwerfiel, sich zu beherrschen.

Zuerst lachte Eric, als Annie ihm sagte, dass er zu viel arbeitete. Bald jedoch schien ihm sein Körper dasselbe zu sagen. Er bekam schreckliche Kopfschmerzen, und sogar der Geruch von Essen verursachte bei ihm Übelkeit. Er lag stundenlang mit einem nassen Tuch über seinen Augen auf seinem Bett. Die Kinder, die kamen, um Onkel Eric zu bitten, bei einem Kricketspiel Schiedsrichter zu sein oder einen zerbrochenen Hockeyschläger wieder zu reparieren, waren erstaunt, als sie hörten, dass er krank war und ihnen nicht helfen konnte. Es war kaum zu glauben. Onkel Eric war immer derjenige gewesen, der den kranken Leuten geholfen hatte.

Weihnachten 1944 kam und ging, und Eric fühlte sich etwas besser, er wurde jedoch nicht wieder ganz gesund. Dann im Januar, kurz nach seinem 43. Geburtstag, erkrankte er. Die Ärzte meinten, es wäre eine Art von Grippe, an der viele andere

Menschen zu dieser Zeit litten. Immer mehr Internierte wurden krank, was zum Teil daran lag, dass sich der Krieg gegen die Japaner wandte. Infolgedessen waren die Japaner weniger gut organisiert und hatten weniger Geld sowie Mittel, um das Überleben ihrer ausländischen Gefangenen und deren halbwegs ordnungsgemäße Versorgung zu gewährleisten.

Im Februar 1945 waren die meisten Menschen im Internierungslager von Weixian unterernährt, und die Ärzte probierten ständig neue Ideen aus, wie besonders die Kinder genügend Vitamine und Mineralstoffe bekamen. Nichts wurde verschwendet. Bei vielen Kindern ging aufgrund des Kalzium-Mangels in ihrer Ernährung der Zahnschmelz zurück. Um dieser Situation zu begegnen, wurden Eierschalen zu Pulver zerstoßen und in die Münder unwilliger Kinder gelöffelt. Ebenso wurden Erdnuss-Schalen zermahlen und als Mehl verwendet, um Brot zu backen. Wenn dieses Brot heiß gegessen wurde, war es bekömmlich; wenn es aber kalt geworden war, wurde es hart wie Stein!

Im Februar wurden Rotkreuzpakete ins Lager gebracht. Nachdem das darin enthaltene Essen verschlungen war, fühlten sich die meisten zum ersten Mal seit Wochen wieder besser und konnten wieder arbeiten, nicht jedoch Eric. Das gute Essen schien für ihn keine Bedeutung mehr zu haben. Als er dann einige Wochen im Krankenhaus verbracht hatte, bekam Eric einen kleinen Schlaganfall. Die Ärzte begannen zu vermuten, dass es etwas Ernsthaftes war. Sie hatten jedoch nicht die Ausrüstung, um das Problem zu diagnostizieren.

Nach dem Schlaganfall begann Eric, sich etwas besser zu fühlen. Der Arzt erlaubte ihm, das Bett zu verlassen und kleine

Spaziergänge über das Gelände zu machen. Am nächsten Tag schrieb Eric einen Brief an Flo. Er erzählte ihr, dass er zu viel gearbeitet hatte und dass ihm die Ärzte geraten hatten, etwas zu tun, was weniger anstrengend war. In seinem Brief grüßte er Flo und die Mädchen herzlich (einschließlich Maureen, die er noch immer nicht gesehen hatte). Sehr langsam ging er zur Poststelle des Lagers und gab den Brief ab, der am 21. Februar 1945 abgestempelt wurde.

Später an diesem Tag kam ein kleines Mädchen zu Besuch, dessen Eltern Missionare der Londoner Missionsgesellschaft waren. Es saß eine Weile da und unterhielt sich mit Onkel Eric. Plötzlich begann Eric zu husten und konnte nicht mehr damit aufhören. Das Mädchen bekam Angst und lief auf den Gang, um eine Krankenschwester oder einen Arzt zu finden. Annie Buchan kam herzugelaufen und stellte sich neben ihren alten Gefährten. Sie hielt Erics Hand. Eric schaute zu ihr auf und sagte: »Annie, es geht um vollständige Hingabe.« Irgendwie wusste Annie, was er meinte. Eric war dabei zu sterben. Bald danach wurde er bewusstlos. Gegen 21:30 Uhr starb Eric Liddell.

Am nächsten Morgen lag das Lager unter einer wunderschönen Schneedecke. Als sich die Internierten zum Anwesenheitsappell versammelten, verbreitete sich die Nachricht von Erics Tod im Lager. Nach dem Appell standen viele Menschen in Gruppen herum – zu bestürzt, um wieder in die Baracken zu gehen, wo es nicht so kalt war. Das Lager trauerte tagelang.

Der Beerdigungsgottesdienst für Eric Liddell fand am Samstag, dem 24. Februar 1945, statt, drei Tage nach seinem Tod. A. P. Cullen leitete den Gottesdienst. Niemand außerhalb der Familie Liddell kannte Eric wahrscheinlich so lange und so gut wie er. Er war am Eltham College in London Lehrer gewesen und hatte Eric als zehnjährigen Schuljungen dort kennengelernt. Später hatten die beiden zusammen als Lehrer an der anglochinesischen Schule gearbeitet. Sie hatten auch eine Wohnung miteinander geteilt, nachdem Flo und die Kinder nach Kanada gereist waren. Jahre zuvor hatte Eric A. P. Cullen erzählt, dass er sich wünsche, dass das Lied »Stille, mein Wille, dein Jesus hilft siegen« bei seiner Beerdigung gesungen werde. Die Versammelten sangen nun leise das Lied, während die Schulkinder eine Ehrenwache für die Sargträger bildeten, die mit Erics Sarg hindurchgingen.

Etwa dreißig Beerdigungen hatten im Internierungslager von Weixian stattgefunden. Eric Liddells Beerdigung war bei Weitem die größte davon. Es schien, als hätte jeder einen besonderen Grund, warum er sich an diesen außergewöhnlichen Mann erinnerte.

EIN GANZ BESONDERER MENSCH

Zwei Monate später stand Flo in der Küche im Haus ihrer Eltern in Toronto, wo sie wohnte. Zwei Freunde der Familie klopften an der Tür, und Flo bat sie hereinzukommen. Der Ausdruck ihrer Gesichter ließ Flo ahnen, dass irgendetwas nicht stimmte. Während sie ihre Hände an einem Geschirrtuch abtrocknete, überlegte sie, was das sein könnte. Sie hatte keinen Moment daran gedacht, dass ihre Freunde gekommen waren, um ihr die Nachricht vom Tod ihres Mannes mitzuteilen.

Sobald Flo die Nachricht vernahm, begann sie zu zittern. Sie fühlte sich, als hätte jemand ihren Magen gepackt und würde ihn zusammenpressen. Als sie in einen Sessel sank, brach sie in heftiges Schluchzen aus. Flo weinte bitterlich und versuchte, in ihrem Herzen und ihrem Kopf das zu verarbeiten, was sie gerade gehört hatte. Wie konnte das sein? Das letzte Mal, als sie Eric gesehen hatte, war er ein starker, gesunder Enddreißiger. Nun musste sie die Tatsache akzeptieren, dass er in einem japanischen Internierungslager gestorben war. Es schien kaum möglich zu sein. Flos Besucher erklärten ihr, dass die Ärzte in Weixian an Eric eine Autopsie durchgeführt und dabei einen großen Tumor in der linken Gehirnhälfte gefunden hatten. Das tröstete Flo zumindest ein bisschen. Als Krankenschwester wusste sie, dass man im Jahr 1945 nichts hätte tun können, um Erics Leben zu retten – nicht einmal im modernsten Krankenhaus der Welt.

»Der fliegende Schotte im Alter von 43 Jahren gestorben«. Diese Worte, in großer schwarzer Schrift gedruckt, veranlasste viele schottische Männer und Frauen von Edinburgh bis Glasgow, an den Zeitungsständen stehen zu bleiben, als sie die entsprechende Schlagzeile lasen. Die Zeitungen bemühten sich, einander im Lob für ihren verstorbenen Nationalhelden zu übertrumpfen.

»Schottland hat einen Sohn verloren, der dem Land an jedem Tag seines Lebens Ehre erwiesen hat«, berichtete die *Glasgow Evening News*. »... einer der bekanntesten und meistbewunderten Männer, die sich je im Sport engagierten, dessen Hingabe an seine Prinzipien ihm die höchste Wertschätzung verlieh«, erklärte die *Edinburgh Evening News*.

Genau wie das gesamte Internierungslager von Weixian Erics Tod betrauert hatte, so schien es nun ganz Schottland zu tun. In nahezu jeder Stadt und in vielen Dörfern des Landes wurden Gedenkgottesdienste abgehalten.

Ein überregionales Komitee zur Gründung des *Eric Liddell Memorial Fund* (der Eric-Liddell-Gedächtnis-Stiftung) wurde gebildet. Sammlungen wurden überall veranstaltet – bei Rugbyspielen, Wettläufen, Schulfesten und Gemeinde-Ausflügen. Das Geld summierte sich. Viele Menschen, reiche und arme gleichermaßen, wollten das Andenken eines Mannes ehren, auf den sie stolz waren. Das Geld der Stiftung war für zwei Dinge bestimmt. Zuerst wurde damit Flo unterstützt, sodass sie die drei Töchter großziehen konnte, die nun ohne ihren Vater aufwachsen mussten. Außerdem wurde in Erics Namen eine jährliche Auszeichnung eingeführt: Die *Eric Liddell Challenge Trophy* wurde bei den schottischen Schulsportmeisterschaften in der Leichtathletik an denjenigen verliehen, der die beste Leistung des Jahres erzielte.

Am Eltham College in London wurde darüber hinaus ein Gebäude-Anbau realisiert, der den Namen »Liddell-Haus« erhielt.

Am 17. August 1945, sechs Monate nach der Beerdigung von Eric, hörten die Internierten von Weixian ein Flugzeug am Himmel brummen. Die Schulkinder rannten hinaus, gleich danach kamen die Köche, Kleiderwäscher und überhaupt jeder, der nicht in einem Krankenhausbett lag. Das Flugzeug wendete und strich dicht über das Lager. Es war ein B-24-Bomber, ein amerikanisches Flugzeug. Die Gefangenen gerieten außer Rand und Band vor Freude. Sie schwenkten Hemden sowie Handtücher und schrien, bis sie heiser waren. Das Flugzeug drehte wieder um und kam dieses Mal noch näher. Die Menschen am Boden konnten den Piloten winken sehen. Sie waren auch imstande, den Namen des Flugzeugs an der Seite zu lesen: »Armored Angel« (»Gepanzerter Engel«).

Plötzlich drehte das Flugzeug nach Norden und stieg steil auf, als ob es wegfliegen wollte. Aber dann öffnete sich an der Seite des Flugzeugs eine Tür und sieben Fallschirmjäger verließen die Maschine.

Die Internierten waren nicht mehr zu halten. Sie vergaßen die japanischen Bewacher um sich herum, als sie auf die wuchtigen Tore zuströmten, die sie für zwei Jahre gefangen gehalten hatten. Die japanischen Wachen sprangen zurück, als die Tore aufgestoßen wurden. Die Gefangenen liefen den amerikanischen Fallschirmjägern entgegen. Innerhalb weniger Minuten hatten sie die US-Soldaten gefunden und hoben sie auf ihre Schultern. Inmitten von Jubel und Zurufen wurden die Befreier triumphierend im Lager umhergetragen. Alle wussten, dass sie nun frei waren. Es war nun nur noch eine Frage der Zeit, bis sie ihre Familien und Heimatländer wiedersehen würden.

Innerhalb des nächsten Monats wurde das Internierungslager

von Weixian geschlossen. Zuerst wurden die Kranken und Älteren an die Küste gebracht und ausgeschifft, dann die Kinder ohne Begleitung, gefolgt von den Familien und alleinstehenden Männern und Frauen. Bevor sie weggingen, machten viele Menschen noch einen letzten Besuch auf dem Lagerfriedhof, wo ein einfaches Holzkreuz das Grab eines Mannes markierte, der solch ein Segen für alle gewesen war und den man daher nie mehr vergessen konnte.

In den kommenden Jahren schrieben viele ehemalige Internierte von Weixian in Büchern und Zeitschriftenartikeln über ihre Erfahrungen. Obwohl über 1800 Menschen im Lager gelebt hatten, enthielt jeder einzelne aufgeschriebene Bericht über das Leben in Weixian Erinnerungen an Eric Liddell. In *A Boy's War* erzählt David Mitchell davon, wie Onkel Eric die Sportveranstaltungen der Lagerkinder vorbereitet hatte. In *Shantung Compound: The Story of Men and Women Under Pressure* schreibt Langdon Gilkey, dass Eric Liddell einer der wenigen Menschen im Lager war, den alle für gerecht hielten. In einem anderen Buch, *Courtyard of the Happy Way*, schrieb Norman Cliff über Eric: »... die herausragendste Persönlichkeit von Weixian ... in seinen frühen Vierzigern, leise sprechend und mit einem ständigen Lächeln im Gesicht. Eric war der feinste Christ, den ich jemals kennenlernen durfte.«

Schließlich erfuhr der berühmte britische Filmproduzent Sir David Puttnam von dem bescheidenen Schotten, der das Leben so vieler Menschen nachhaltig beeinflusst hatte. Er beschloss, einen Film über Eric zu drehen, den er *Chariots of Fire* (deutscher Titel: *Die Stunde des Siegers*) nannte. 1982 erhielt der Film den Oscar für die beste Darstellung.

Eric hätte wahrscheinlich gelacht, wenn er gewusst hätte, dass über ihn ein Film gedreht würde. Er hielt sich selbst nie für etwas Besonderes. Er war nur ein Mann, der Gott ehren wollte und Menschen in Not half. Letztlich wurde er aufgrund des Strebens nach diesen beiden einfachen Zielen für unzählige Zeitgenossen auf der ganzen Welt zu einem ganz besonderen Menschen.

QUELLENANGABEN

Cliff, Norman, *Courtyard of the Happy Way*, Arthur James Ltd., 1977.

Magnusson, Sally, *The Flying Scotsman*, Quartet Books, 1981.

Mitchell, David A., *A Boy's War*, OMF Press, 1988.

Swift, Catherine, *Eric Liddell*, Bethany House Publishers, 1990.

Thomson, D. P., *Scotland's Greatest Athlete*, The Research Unit, Crieff, Perthshire, 1970.

Wilson, Julian, *Complete Surrender*, Monarch, 1996.

DIE AUTOREN

Janet und Geoff Benge schreiben als Ehepaar seit über 20 Jahren gemeinsam Bücher. Janet arbeitete vorher als Grundschullehrerin und Geoff hat ein Diplom in Geschichte. Sie stammen ursprünglich aus Neuseeland und waren zehn Jahre im Missionsdienst tätig. Sie haben zwei Töchter, Laura und Shannon, und einen Adoptivsohn, Lito. Derzeit leben sie in der Gegend von Orlando (Florida).